¿CÓMO INTERPRETAR AL NIÑO Y AL ADOLESCENTE HOY?

Graciela Giraldi

Giraldi, Graciela
    ¿Cómo interpretar al niño y al adolescente hoy? / Graciela Giraldi.
    - 1a ed. - Rosario: Homo Sapiens Ediciones, 2015.
      132 p.; 22 x 15 cm. - (Educación)

    1. Psicología. I. Título.
    CDD 150

Coordinación editorial: Laura Di Lorenzo
Diseño de tapa y colección: Lucas Mililli

Este libro se terminó de imprimir en febrero de 2016
en **Art** de Daniel Pesce y David Beresi SH. | San Lorenzo 3255
Tel: 0341 4391478 | 2000 Rosario | Santa Fe | Argentina

Índice

Prólogo

En las páginas de este libro se pasean personajes que resultarán familiares al lector. Hay niños que, de buen grado o no, son llevados al analista; hay madres pre-ocupadas, incluso angustiadas en demasía; hay padres ausentes, a veces por exceso de presencia; hay educadores desorientados, quizá sin saberlo, por sus buenas intenciones. Eso es lo primero que salta a la vista.

Pero ver no es leer. Leer implica no dejarse capturar totalmente por lo primero que se capta, para leer hay que incluir lo que no está escrito, lo que queda entre líneas. Es poner en juego la pregunta mínima –pero mínima no significa menor– que sostiene cualquier abordaje analítico: ¿qué quiere decir? Entonces, en la lectura de esos personajes tan conocidos, se abre otra dimensión, la dimensión propiamente inconsciente que Freud calificó como "la otra escena". Graciela Giraldi acompaña al lector a adentrarse en esa otra escena y lo hace con la brújula infalible del síntoma.

Es así como este libro deja ver el potencial de la orientación en la que se inscribe la autora, la orientación lacaniana, que implica el deseo de abrir siempre preguntas en lugares que parecían, de tan conocidos, cerrados; de tan confusos, inasequibles a cualquier lógica. Y así es como el lector va a encontrar, en cada niño, a un sujeto cuya palabra reclama –"tiene derecho a", dice Graciela– ser escuchada; en cada madre, el horizonte de una femineidad que se desconoce a sí misma; en las figuras del padre, un uso inventado por cada sujeto... Es en este encuentro, siempre nuevo, siempre sorprendente en la medida que toma cuerpo uno por uno, donde se apoya el arte de diagnosticar.

Pero eso no es todo. La orientación lacaniana desborda los límites de la clínica del uno por uno, aunque ella sea su punto de anclaje más seguro. Los analistas lacanianos saben, por haberlo aprendido por cuenta propia, en sus propias carnes de diván, por así decir, que la experiencia de un análisis no se deja capturar totalmente por el saber: siempre hay algo que escapa. La experiencia desborda la clínica, rompiéndole las costuras.

En la medida que ha captado algo de esta escapada, que Lacan llama lo real, un analista puede, a su modo y con su estilo, dirigirse al Otro de su época para hacerse presente, para ofrecerse como remitente de los malestares, subjetivos y colectivos, que de otra manera permanecerían mudos. En este sentido un analista es un síntoma. Podría parecer una tarea ingrata, y en parte puede que lo sea, pero hay que recordar que nada ni nadie lo obligó a ello. Quien se declara analista es porque con ello ha encontrado un buen uso de su síntoma. Por no tener una definición acabada de lo que es un analista, como decía Freud, una profesión "imposible", algunos incluso disfrutan rompiéndose la cabeza con todo eso.

A esta tarea ingente, interminable, imposible, es a lo que quiere contribuir este volumen. Hay que agradecérselo a su autora.

Pero para que este libro, como todos los libros, realmente exista se necesita que alguien lo lea. Como dice Graciela Giraldi: "la voz no es sin vos".

Bienvenido pues, lector, a la tarea de hacer existir el psicoanálisis.

ANNA AROMÍ [1]

---

1. Anna Aromí es psicoanalista, miembro de la Escuela Lacaniana de Psicoanálisis (ELP) y de la Asociación Mundial de Psicoanálisis (AMP). Analista de la Escuela (AE) en ejercicio.

Actualidad del síntoma infantil

Los sufrimientos que escapan a la patología médica se consideran pertenecientes al campo de la salud mental.

¿Qué se entiende por salud mental? Si bien la Organización Mundial de la Salud no dispone de una definición oficial científica, sí opone los términos de salud mental a las enfermedades nerviosas.

Desde la perspectiva psicoanalítica, la salud mental no existe, en tanto los humanos estamos marcados en nuestro cuerpo y en nuestros pensamientos por las palabras, nos sostenemos en la vida con nuestros pequeños delirios, y sin llegar a ser psicóticos estamos todos un poco locos. De allí que ningún ser hablante lo es sin su síntoma, en tanto que el síntoma es una respuesta a la incidencia de la lengua materna, la que nos introduce al mundo del lenguaje. Por lo tanto, en su función, el síntoma conserva su actualidad.

Según se aborde la cuestión del síntoma en los niños, se puede aliviarlo o cronificarlo. Es común que si un chico presenta problemas en la escuela se diga apresuradamente que tiene un síndrome de hiperactividad, sin que nadie le pregunte antes al niño qué le está pasando. En cambio, se medica y re-educa a todos los niños por igual.

Desde las neurociencias y las psicoterapias cognitivistas y del adiestramiento de la conducta, la salud mental se organiza excluyendo la subjetividad del paciente. De allí que se quiera abortar al síntoma que se manifiesta en la anorexia, la bulimia, los problemas de aprendizaje escolar, las adicciones tóxicas, los fenómenos psicosomáticos, la angustia de pánico y el autismo infantil, entre otros, degradándolo a un trastorno: TDAH, TOC, síndrome de Asperger, a una disfunción y alteraciones con respecto al Ideal de conducta, de inteligencia, de alimentación, etcétera.

Dichos rótulos sobre los fenómenos disfuncionales, que prescinden de la interrogación al niño sobre su padecimiento, no son diagnósticos, en tanto el arte de diagnosticar se apoya en el caso por caso.

Como al niño lo traen sus padres a la consulta, ellos nos hablan angustiados o desesperados sobre lo que consideran el síntoma de su hijo. Pero, como no sabemos aún quien se ubicará como paciente, tendremos que localizar qué dice el niño sobre cuál es su padecimiento. Luego de las entrevistas sabremos quién habla desde el lugar del sujeto del síntoma y demanda ayuda.

La otra cara del síntoma es la satisfacción que se extrae del uso que se hace del mismo. El buen uso del síntoma se pone en evidencia, por ejemplo, en el médico que no puede dejar de atender a sus pacientes, porque su querer curar es más fuerte que él mismo. O del niño que se zambulle con interés en la lectura de libros de cuentos, del joven que practica con pasión un deporte, etcétera.

¿Pero cómo son los chicos y las familias que hoy nos llegan al consultorio, con qué dificultades del lazo nos encontramos, y cuáles son las nuevas formas en que se manifiestan los síntomas de los niños y adolescentes?

Observamos que los calladitos y reprimidos niños de anteriores épocas se transformaron en chicos parlanchines, sin miedos, desatados y hasta desafiantes muchas veces ante la autoridad de los adultos, lo que se manifiesta en el lazo con su pediatra y maestro.

El lugar del ideal que antes ocupaba el niño para sus padres mutó al lugar del niño como objeto de goce de la madre, de la familia y de la civilización.

Estos "niños Amos" fascinan por un lado a los mayores porque parecen saber lo que quieren, pero por otro lado inspiran miedo a sus padres, quienes se muestran impotentes para ponerles límites. Los dejan pasarse de revoluciones en su excitación, y en ocasiones le piden al neurólogo que los medique por hiperactivos.

Cambios en la familia

La misma familia del niño ha cambiado.

La autoridad paterna caracterizada antiguamente por su dirección verticalista, en la que reinaba el temor de los hijos, pasó a ser horizontal, donde la pareja de padres está enterada de que asumir la autoridad ante los hijos es lo contrario del autoritarismo.

Dicha metamorfosis de la autoridad paterna tiene incidencias en el lazo actual de la familia del niño con el pediatra, el maestro, el psicoanalista.

Sobre estos cambios del siglo *XXI* no hay que desesperar. Nuestra civilización es más realista porque se apoya en la inexistencia del padre ideal, el que nos ordenaría la vida y nos sacaría las papas del fuego. De allí, la responsabilidad ética de cada practicante que responde a las problemáticas infantiles es sostener su formación continua en el psicoanálisis, haciendo la experiencia de su propio análisis, controlando su práctica y estudiando con otros.

La subjetividad de nuestra época no sufre porque las cosas no funcionan como quisiéramos, pues se sabe que el malestar cultural es estructural.

En cambio, percibimos que nuestra civilización padece de los impasses generados por las falsas ciencias, en tanto se evalúa, se clasifica y se etiqueta por igual a todos los niños y jóvenes en base a un protocolo de preguntas y respuestas pre-establecidas: fracasado escolar, ADHD, TOC, etc.

Debemos reconocer que resulta complicado para el sufriente desprenderse de esa etiqueta evaluativa.

De modo que si la infancia del siglo XXI está amenazada, quienes recibimos las problemáticas de niños y adolescentes no podemos desentendernos mirando para otro lado, ni bajar los brazos en nuestra acción, sino que tenemos el deber ético de alojar lo más singular de cada niño y de cada joven: su síntoma.

Porque, tanto los psicoanalistas como los médicos, los maestros y otros practicantes de la clínica con niños y adolescentes, sabemos que lo fundamental de nuestro acto se centra en el lazo con nuestro paciente, lo contrario de la acción de llenar protocolos de los especialistas creyentes de la salud mental.

¿Cómo adviene el sexo en los niños?

Sigmund Freud consideraba que los niños pequeños se comportan como los científicos en la medida que responden con sus teorías infantiles al traumatismo de la sexualidad.

Dicho de otra manera, ante los interrogantes sobre su origen: ¿de dónde vengo?; y sobre el deseo de la madre: ¿qué quiere mamá y qué cosa soy para ella?, el niño/a responde con ficciones cuyo argumento es de sentido fálico: todos tienen pene, a nadie le falta nada, especialmente a mi mamá.

La lógica resaltada por Freud era que los niños, a través de sus teorías falocéntricas, logran velar la falta en la madre, y así borran la diferencia entre los sexos masculino y femenino.

Ese saber infantil es puesto al trabajo en la experiencia del analizante, como así también la interpretación inconsciente del niño sobre el deseo de la madre y lo que la excede en tanto que mujer, su versión del padre y sobre su familia, más allá de su conformación social: tradicional, homoparental, mono o multiparental.

Y cada analista acompaña al sujeto analizante a jugar su partida con las cartas que le han tocado en suerte.

¿Qué lugar le es otorgado al saber del niño en nuestra civilización y qué rol juega la escuela?

Si bien los niños vienen ejerciendo libremente su derecho a tomar la palabra desde el siglo pasado, el empuje actual a decirlo todo y en todas partes va en detrimento de los poderes de la palabra y del sujeto que quiere saber.

Llama la atención que hoy por hoy se les demande a los maestros que impartan educación sexual en las escuelas, tal vez para ejercer control social sobre los abusos sexuales infantiles, y la prevención del embarazo en la adolescencia, la práctica sexual promiscua, las enfermedades venéreas, el SIDA.

Ahora, ¿qué entendemos por educación sexual? Para el psicoanálisis, no es lo mismo educar que la acción de informar conocimientos sexológicos. Porque el psicoanálisis parte del imposible de domesticar al goce sexual del cuerpo mediante informaciones anátomo fisiológicas, higiénicas y genéricas.

Si, al decir freudiano, "con su tarea civilizadora escolar el maestro colabora en la canalización del polimorfismo de la sexualidad infantil, orientando su curso a la manera de los diques en un río", en vez de pedir a los maestros que se encarguen de lo que siempre hicieron, se torna imprescindible resaltar al deseo de enseñar del maestro como el antivirus de la segregación subjetiva que padecen los niños.[2]

---

2. Freud Sigmund, "Tres ensayos para una teoría sexual", Tomo VII, *Obras completas*, Amorrortu, 1905.

¿Qué saben los niños?

Si bien diferenciamos el saber escolar que adquiere el alumno en su aprendizaje del saber del inconsciente que se pone en juego en la experiencia del sujeto analizante, ambas experiencias subjetivas no son sin el amor del niño, sin sus sentimientos, sin sus palabras y silencios, sus angustias y preocupaciones, sus gustos y disgustos.

Y si aprender o psicoanalizarse son experiencias subjetivas es porque no son etéreas ni internáuticas, sino que hay presencia de los cuerpos.

Es decir que tanto la relación del alumno con su maestro como el lazo del analizante con su analista están mediatizados por el amor de transferencia, por el amor al saber que el niño le supone a su maestro de carne y hueso, como el analizante se lo supone a su analista.

Ahora bien, no hay reciprocidad en la respuesta del maestro al amor de su alumno en tanto que con su acto el docente lo educa, así como la respuesta del analista a la transferencia de su paciente no es amarlo sino psicoanalizarlo.

Observamos en nuestra época que el amor al saber en los niños resulta en ocasiones sofocado por el mercado de la técnica informática, sino que el mismo lazo del alumno con su maestro resulta muchas veces cortocircuitado por el pretendido control higienicista de los afectos, invadiendo la vida de los alumnos en el aula.

Esta problemática es tratada en el film canadiense titulado *Profesor Lazhar*, dirigido por Philippe Falardeau.

La historia se recorta en una escuela donde ocurre un hecho dramático: el suicidio de una maestra en el aula donde daba sus clases.

Un alumno de ella la encuentra ahorcada y queda *shockeado*, como así también sus compañeros.

¿Qué hace el cuerpo directivo de esa escuela? En un abrir y cerrar de ojos pinta el aula con otros colores y todo sigue igual que antes, es decir que los alumnos continúan yendo a clase normalmente. Se impone tácitamente: *de eso no se habla.*

Aunque, movilizada por un fantasma de control afectivo, la Directora da lugar a los servicios de un psicólogo para que no se desborden los alumnos huérfanos de su maestra, y les pone un maestro reemplazante: el profesor Lazhar, a quien se le aclara de entrada que las normas escolares prohíben abrazar a los chicos, y que por razones reglamentarias debe conservar la distancia física estricta con sus alumnos.

Esta pretensión aséptica también se extiende a no alojar la elaboración del duelo que cada alumno tiene derecho a hacer por la pérdida de su maestra, idea que no sólo es sostenida por esa institución escolar sino que es compartida por los padres, lo que no hace más que inflacionar la problemática del dolor subjetivo ante un duelo que se congela en su silenciamiento.

Dicha política del avestruz provoca la desorientación, la soledad y la angustia de los chicos, pero también del cuerpo docente.

Hay una escena en la película donde una pareja de padres le exige al maestro que se dedique a enseñar y no a educar a su hija hablándole de los valores de la vida, porque para educarla están ellos.

Interpreto que esos padres pedían un imposible al maestro al demandarle que no sea maestro sino un mero robot cumpliendo con el programa de enseñanza curricular, que no le pusiera el cuerpo a lo que enseñaba, que se remitiera sólo a dar conocimientos a sus alumnos y que silenciara el violento episodio del suicidio de su colega en el aula.

Por fortuna, el llamado profesor Lazhar se subvertirá a la demanda de mirar para otro lado, orientándose por su deseo de educar al apostar con su acto docente a la subjetividad de sus alumnos.

En esa dirección, el profesor Lazhar hizo lugar a la elaboración del duelo en sus alumnos, alojando los temores y culpas de los chicos, alentándolos a expresar con palabras el dolor de cada uno por lo que no tiene explicación: la muerte de los seres queridos.

Esta película nos enseña que los niños tienen derecho a aprender el saber escolar, pero también a ser escuchados por sus maestros como sujetos que construyen saberes sobre sus experiencias vitales.

La diferencia con el psicoanálisis es que cuando un niño que sufre llega a lo del psicoanalista, es el niño el que sabe, sin saber él mismo lo que sabe.

Al analista le cabe interpretar o enseñarle a leer al analizante el texto de su deseo inconsciente.

La brújula del síntoma[3]

El mercado de la salud clasifica al sufrimiento manifestado a través de síntomas con rótulos de trastornos, según sus protocolos de evaluación. Luego, se busca taponar con sentido y medicación a los acontecimientos del cuerpo.

De allí que, el nuevo desafío para los practicantes del psicoanálisis es provocar la sintomatización de las pretendidas disfunciones, en la vía de que la herramienta del síntoma sirva de brújula en la experiencia del analizante.

R., de 12 años de edad, fue traído a la consulta por su madre, quien se quejaba de lo mal que le iba a su hijo en la escuela y sus reacciones violentas para con ella, caracterizándolo de absorbente, destructivo y temerario.

Decía que R. acostumbraba irse de la casa sin avisar adónde iba ni cuándo volvía, y que amenazaba con cortarse el cuello con un cuchillo, así como de chiquito la asustaba acostándose sobre las vías del ferrocarril momentos antes de que pasara el tren, escena repetida del "puedes perderme" que el niño montaba para su madre, exponiendo trágica y literalmente su propio cuerpo a desaparecer; lo contrario del jugar a las escondidas.

Por otro lado, la madre de R. decía que la maestra lo había etiquetado de fracasado escolar, pero que lamentablemente eso a él no lo inquietaba.

---

3. Trabajo expuesto en las Jornadas del ERINDA 2007, junto con Bernacchia, Liliana; Carignano, Cecilia; Ercoli, Irene; Milei, Carla; Rovino, Teresita (integrantes del grupo de investigación a cargo de mi coordinación).

Durante nuestros primeros encuentros, R. respondía con un *sí no,* un *más o menos* a mis preguntas, y si insistía mucho lograba argumentaciones de su lado como: *es porque no me pongo las pilas, rompí tal cosa o pateé tal otra porque mi mamá no me dio el permiso para salir con mis amigos, tiré nafta al piso y le prendí fuego para asustarla a ella porque se lo pasa retándome, etc.*

Sin embargo, no llegó a su primera cita con las manos vacías, pues me entregó un dibujo titulado "El pase"; entonces, lo invité a que armara una historia sobre el mismo después de preguntarle por qué venía a verme, a lo que respondió que no sabía.

Me dijo: "Esta es la mujer TKB, está fumando. Tiene una bolsa de dinero en la mano. Lo robó del Banco ella sola. En la otra mano tiene un arma, se quiere matar porque se arrepiente del robo. Robó para comprarse un auto. Estaba en duda si matarse o comprarse el auto".

Al preguntarle si a esa mujer no se le ocurría otra forma de adquirir el auto sin tener que robarlo para terminar en la cárcel, me respondió de manera desafiante: "Sí, trabajar de sirvienta para toda la vida".

En otra ocasión, observamos juntos en sus carpetas escolares las correcciones que venía haciendo su maestra desde hacía tres meses, con el señalamiento repetido de "incompleto".

Al interrogarlo sobre qué le pasaba me respondió que no sabía, que debía ser porque no se ponía las pilas.

Al despedirlo, exclamé: "Bueno, tampoco me chupo el dedo. Algo te pasa que te impide ponerte las pilas. Al final, ¡hacés la de Pilatos!"

Ahora, más allá de lo que decía su madre, ¿qué cuestión afectaba a R.?

Bajo esa perspectiva me preguntaba cómo sintomatizar ese lazo embrollado que sostenía R. con su madre, para que mutara su posición gozosa de partenaire fálico de ella.

Un sueño de angustia dio pie para el pase a la conformación del síntoma bajo transferencia.

En esa oportunidad, R. entró fastidiado a su sesión y al preguntarle qué le pasaba me respondió "nada", pero me comentó que se había sacado una buena nota en la prueba de Sociales, donde tuvo que hablar sobre la ley del talión.

Le pedí que me hablara sobre el tema, porque no sabía.

Luego, me miró atentamente y me confesó que había tenido un sueño horrible: "Estaba en mi casa con mi mamá y de golpe se prendía fuego, venía desde la cocina. Ella, desde su pieza me gritaba no sé qué. Yo quería pedir ayuda pero no podía, buscaba escapar y mis piernas estaban duras. Al final alguien llamó a los bomberos, no sé quién era, pero ellos se retrasaban. Y ahí me desperté."

Podemos ubicar que el bombero fue la misma producción onírica de R., en tanto su sueño nos brinda en bandeja una interpretación del inconsciente sobre su padecimiento: el niño atrapado con su madre por las llamas del fuego.

Su experiencia analítica fue breve, con rápidos efectos terapéuticos en relación a su escolaridad, y en su posterior desempeño laboral en la empresa familiar.

Su agitación corporal fue encauzada en la práctica del baile en su grupo salsero donde sobresalía entre las primeras figuras masculinas.

Es decir que el goce mortificante del cuerpo agitado y a la vez inhibido frente al aprendizaje escolar, enlazándose al trabajo analítico del síntoma posibilitó otro anudamiento subjetivo y la caída de la etiqueta del fracasado escolar, posición contraria a la cobardía de Pilatos.

Otra practicante del psicoanálisis nos dice:

"Conocí en un hospital público a E., de tan solo dos años y 11 meses, quien fue derivado por su pediatra.

El niño no comía, no aumentaba de peso y se encontraba anémico, padeciendo de resfríos, anginas y dolores de estómago a repetición.

Había sido derivado al médico alergista por ronchas y urticarias, y a neurología y psicología por su carácter irritable, su agitación corporal y sus dificultades lúdicas.

Comencé a recibir regularmente en entrevistas a E. y su mamá. En una ocasión ella me entregó unos papeles diciéndome: "Lo llevé a la neuróloga. La doctora me dijo que esto es lo que tiene E. y te lo manda para que lo leas".

Dichos papeles llevaban por título: "Niños con desorden por déficit de atención, hiperactividad e impulsividad".

Sin interés los metí en el cajón de mi escritorio dejando dicho diagnóstico en suspenso, lo que posibilitó que se interrogara: ¿Cómo con tan pocas cosas que le conté al doctor puede saber lo que tiene si ni lo revisó?

Sostuve durante tres años y medio el trabajo subjetivo de la paciente.

La sujeto A. pudo cuestionarse acerca del lugar de falo mortificado que tenía este niño en su deseo, a partir de ubicar que ante el abandono de su esposo a los tres meses de su embarazo ella no lo quería tener, pero luego cedió en su deseo ante el mandato de su madre.

Los padecimientos del cuerpo del niño se fueron espaciando paulatinamente una vez que sus elaboraciones subjetivas bajo transferencia pudieron atravesar la ficción de un Otro materno amenazante, representado en sus gráficos e historias sobre la víbora presta a inyectar su veneno.

Nos dice otra practicante que recibió en su consulta a una niña de 7 años derivada por la fonoaudióloga por problemas de aprendizaje.

"Durante nuestros primeros encuentros M. no quería entrar, y cuando lo hacía dejaba abierta la puerta que conectaba con la sala de espera donde se encontraban sus padres; no me saludaba, no me miraba ni quería hablar.

Fui introduciendo la práctica del saludo con ella, apuntando a que no todo daba igual entre nosotras.

Si M. no respondía a mis preguntas, hacía uso del semblante de ocupada con mis papeles para generar la demanda de su lado.

Al enterarme de que sus padres la habían llevado al neurólogo, quien indicó la medicación del caso, introduje como condición no medicarla para seguir atendiéndola y ellos consintieron.

Poco después, M. comenzó a traer sus cuadernos escolares y a hablarme de sus miedos apoyando sus elaboraciones en el juego de la mamá y del médico.

Si bien M. pasó al segundo grado de la escuela común, este año fue ingresada al programa para chicos con problemas de aprendizaje.

Ante el pedido que me hicieron los profesionales de la escuela especial de que les armara por escrito un diagnóstico psicológico para su legajo, me negué a la vez que me ofrecí para conversar con ellos sobre lo que les preocupaba del aprendizaje de la niña.

Apoyándome en los principios del psicoanálisis de la orientación lacaniana sostuve mi interdicción a medicarla y el no al diagnóstico psicológico en las entrevistas con los padres y sus maestras, trabajando con ellos el interrogante: '¿a quiénes tranquiliza diagnosticar clasificando un problema de la niña, como también la acción de medicarla?'."

Abrimos a la interlocución recordando la indicación dada por Lacan en su discurso de clausura de las Jornadas sobre las psicosis en el niño, organizadas por Maud Mannoni en 1967, en relación a que nuestro deber como practicantes del psicoanálisis es *oponernos a que sea el cuerpo del niño lo que responde al objeto a*.[4]

---

4. Lacan, Jacques, "Nota sobre el niño", en *Otros escritos*. Paidós, 2012: 393.

Amar al síntoma [5]

Nuestra civilización padece de una pulverización del síntoma en la medida que el mercado de la salud mental lo reduce a un déficit, un trastorno, un desorden y una disfunción orgánica.

Si bien los síntomas actuales se presentan exhibiendo crudamente al goce en ese más allá del placer que expresan la angustia de pánico, las adicciones, la anorexia y la bulimia, el fracaso escolar, la depresión, los fenómenos psicosomáticos, el stress, entre otros, es destacable que quienes acceden hoy a la consulta con el psicoanalista muchas veces taponan las afectaciones del cuerpo con etiquetas y significaciones inflacionadas de sentido generalizado, herencia de haber hecho terapias de la sugestión.

De modo que se nos plantea una cuestión preliminar a los practicantes del psicoanálisis y es la necesariedad de introducir, desde el momento de la consulta, una rectificación del Otro que aloje al sujeto del síntoma para dar lugar a su formalización.

Porque sabemos que inyectando la creencia en el síntoma posibilitamos hacer existir al inconsciente como experiencia singular.

Por otro lado, si nuestra época pone de relieve la inexistencia del Otro, la relatividad del saber, las verdades mentirosas, y el objeto plus de goce comandando la vida de las personas, las demandas actuales se presentan en su estado de urgencia subjetiva, con la inminencia de pasajes al acto ante la liquidez de la palabra por su falta o en su exceso.

---

5. Texto expuesto en las Jornadas EOL Rosario, 2008.

Observamos que el reinado del objeto plus de goce en nuestra
civilización se acompaña del empuje a gozar sin límites. Los mismos
slogans publicitarios conllevan mandatos superyoicos del mercado,
donde no importa lo que quiere la gente sino la venta de tratamien-
tos sugestivos para el logro de la productividad, el éxito y la eficacia
individual, la adquisición de la potencia sexual y el incremento de la
autoestima, al precio del aplastamiento del deseo de los clientes con-
sumidores que terminan consumidos.

Nos preguntamos cómo se sale de ese lugar objetalizado promo-
vido por el mercado globalizado, y dónde encuentra nuestra civilización una solución digna y responsable.

El planteo del psicoanálisis es que el recurso del ser hablante sigue
siendo el síntoma porque, en primer lugar, puede convertirse en un
puente que nos enlaza a un otro para pedir ayuda.

Pero más allá de que el síntoma manifieste el malestar subjetivo
articulado a los significantes amos de cada quien, los síntomas para
el psicoanálisis de la orientación lacaniana son ante todo signos de
la no-relación sexual y modos diversos de hacer con el goce, que por
naturaleza es autista.

De modo que el síntoma en los seres hablantes tiene una funcionalidad necesaria.

Freud, en su texto de 1925 titulado *Inhibición, síntoma y angustia*,
localizaba las dos caras del síntoma: señal de un padecimiento, de la
pasión por sufrir, y a la vez la satisfacción pulsional que logra el síntoma por otros medios.

Citamos a Jacques-Alain Miller en su curso *El partenaire-síntoma*,
en el capítulo "Síntoma y pulsión", donde trata la perspectiva freudiana del síntoma en aquel texto:

> "Freud no se plantea la pregunta qué quiere decir el síntoma
> –el síntoma no está confrontado al sentido– sino que se plantea
> qué satisface el síntoma. Esta es su pregunta, ¿cómo la pulsión
> que busca una satisfacción da lugar al síntoma? [...] El síntoma
> emerge como ofreciendo a la pulsión, yo diría en corto-circuito,
> otra satisfacción [...] Es una satisfacción anómala en la medida
> en que se presente como Unlust, como displacer [...] estamos
> ante una paradoja [...] Y es de esta paradoja de donde Lacan
> hizo surgir el término goce. El término goce se justifica por
> la noción de que el síntoma está articulado a la pulsión y que

a la vez hace que ésta se desvíe. El síntoma es el resultado de una desviación de su curso normal pero que, al mismo tiempo, satisface su exigencia de alguna manera".[6]

Dicho texto freudiano, anudado por Miller a las elaboraciones lacanianas, resulta de una actualidad increíble, en tanto podemos extraer que el esfuerzo de Freud por introducir la lectura psicoanalítica sobre el síntoma en su época también lo debemos hacer los practicantes del psicoanálisis en los tiempos que corren, en la medida que tenemos que ir contracorriente de la fiebre evaluativa de las psicoterapias cognitivistas y conductuales que rechazan las nuevas conformaciones del síntoma reduciéndolo a un trastorno o déficit de la atención, de la conducta, de la química neuronal, etc.

Y, si bien Freud inventó al psicoanálisis como respuesta a los síntomas que aquejaban a sus pacientes, dejando caer su profesión de médico, no podemos quedarnos dormidos creyendo que el psicoanálisis seguirá existiendo por sí solo. Sino que su por-venir depende de la formación de sus practicantes, para que lo sigan aplicando cada vez.

Lacan, a partir de su Seminario XX, titulado *Aún*, comenzó a enfatizar la funcionalidad del síntoma.

Porque, si en la primera parte de su Enseñanza Lacan se apoyó en el poder de lo simbólico para acotar al goce, reforzando la intencionalidad freudiana de emparentar el psicoanálisis a la ciencia, el síntoma quedaba ubicado allí como una formación del inconsciente, una metáfora que podía descifrarse y resolverse a través del levantamiento del saber reprimido. Pero la práctica analítica se enfrenta con lo imposible de liquidar al síntoma, siempre quedan restos del síntoma.

De allí que, en su última enseñanza, Lacan apostó al real del síntoma desabonado del inconsciente y anudado al arte, tomando como ejemplo a Joyce, el identificado a su sinthoma, mediante su saber-hacer satisfactorio en la escritura de su obra.

En esa línea podemos pensar que si se va a lo del analista por los embrollos con el síntoma, el analizante hace la experiencia del inconsciente de la mano del síntoma, para extraer su carozo de goce y hacer algo con eso.

---

6. Miller, Jacques-Alain, *El partenaire-síntoma*, cap. IX, "Síntoma y pulsión", Paidós, 2008: 73.

Y, si bien la experiencia analítica tiene un final, el síntoma no, porque es lo que nos enlaza a la vida.

Por ello, el psicoanálisis aplicado es solidario a la terapéutica del síntoma en su función de anudar al cuerpo, al parloteo y lo real, testimoniando para cada analizante sobre su relación con lo imposible en tanto real.

Más aún, si nuestra época se caracteriza por la evaporación de lo real, nos confronta a la encrucijada de que el psicoanálisis puede desaparecer, en tanto su práctica es contingente.

Y queda, entonces, bajo la responsabilidad de sus practicantes reinventarlo, en cada ocasión, cuando somos convocados por los acontecimientos del cuerpo.

De modo que si el padeciente tiene la chance de consultar a un psicoanalista, nuestro deber como practicantes del psicoanálisis es alojar al síntoma en tanto acontecimiento del cuerpo, lo que otorga materialidad al inconsciente.

Y si bien hacer la experiencia del propio análisis comienza por poner al síntoma en régimen mediante las producciones del trabajo analizante, se necesita del partenaire psicoanalista que, orientándose por lo real del psicoanálisis, esté disponible a dejarse tomar por el deseo del analista y lo imprevisible de su acto.

En la cirugía con que opera el analista en su acto, aspirado por lo real excluido del sentido, hace lugar en la cura a la contingencia de la invención de un nuevo lazo satisfactorio del analizante con su síntoma.

Si no conviene al mercado de la salud darle lugar al síntoma, sino etiquetarlo y taponarlo con objetos y respuestas protocolares, el desafío para el practicante del psicoanálisis es alojar en nuestra práctica bajo transferencia lo que la ciencia descarta, en tanto si de algo estamos advertidos los psicoanalistas es que el síntoma en un psicoanálisis se convierte en la brújula del trabajo del analizante.

Y así, podremos seguir diciendo que el psicoanálisis ex-siste, cada vez, por lo producido en la experiencia analítica en su diversidad, conformando un arco iris sobre el saber hacer artesanal de cada analizado con su sinthoma, vivificando los lazos sociales en contra del cinismo en que nos sumerge la época.

Sintomatizar al trastorno[7]

Orientándonos por la perspectiva psicoanalítica sobre el *funcionamiento del síntoma,* resaltamos sus dos caras: a) signo de la no-inscripción de la relación sexual en el inconsciente; y b) operación de acotamiento del goce con que cada ser hablante trata de una manera singular su falta-en-ser.

Como opuesto al funcionamiento del síntoma ubicamos al llamado trastorno o disfunción de la atención y la hiperactividad (ADHD), destacándose como uno de los *impasses éticos* de nuestra época, en la medida que el mercado actual introduce un estilo de vida donde se evalúa, clasifica y medica a los niños que presentan dificultades en su aprendizaje escolar.

Así, planteamos que tanto para la práctica educativa como para la psicoanalítica se vuelve necesario cercar al malestar escolar a través de *sintomatizar al trastorno* desde el caso por caso y en cada situación institucional.

Sintomatizar implica dar la palabra al sufriente, en la perspectiva de poner al trabajo al sujeto del síntoma, el que produce significaciones sobre lo que le pasa.

---

7. Reseña del taller realizado el 1º de junio de 2006, como conclusión del Curso que dicté sobre los nuevos síntomas escolares en el auditorio de la librería Homo Sapiens "Rodolfo Shcoler", Rosario.

Talleristas que integraron los 5 equipos: Bernacchia, Liliana; Bertani, Italo; Bogino, Verónica; Delbono, Angela; Díaz, Catalina; Ercoli, Irene; Fambrini, Florencia; Ferraro, Cintia; Gil, Liliana Mariel; López, Graciela; Morirrosi, Graciela; Pedro, Gloria; Selva, María Esther; Rocco, Valeria; Tendil, Graciela; Uribarri, Beatriz; Yuaré, Armando.

Por el contrario, bajo el criterio del trastorno y la disfunción las psicoterapias del Yo (conductista y cognitivista) se asocian a la idea globalizada del mercado de la salud mental del lado del saber qué es lo normal y lo patológico, a partir de un Ideal constituido por los cuestionarios de evaluación, que se apoyan en protocolos que fijan patrones de adaptación de la conducta humana a un modelo.

Es decir que lo singular del síntoma queda subsumido por un "saber generalizable" en la medida que el síntoma deja de tener un valor de verdad para cada quien, al quedar homologado a un comportamiento anómalo, en función de un saber totalizador que segrega la subjetividad de los niños al ser nominados en clases como desatentos e hiperactivos.

En la vía de desanudar este impasse evaluativo que segrega la subjetividad de los niños y jóvenes de nuestra época, hemos abordado una lectura de la clínica médica en relación al llamado trastorno ADHD, apoyándonos en una entrevista realizada al Dr. Jaime Tallis, neuropediatra del hospital Durand de la ciudad de Buenos Aires[8].

En dicha entrevista se puede extraer que el deseo de curar del médico se apoya en la clínica con sus pacientes, uno por uno, lo contrario del accionar de los técnicos que llenan protocolos y medican rabiosamente, desresponsabilizando a los niños que presentan dificultades en su experiencia escolar.

En la experiencia del taller se conformaron 5 equipos para trabajar algunos textos sobre ADHD, a partir de los interrogantes:

    a. ¿Qué significantes Amos se repiten en el texto?

    b. ¿Adónde apunta la evaluación, qué se busca?

    c. ¿Qué discurso sostiene al síndrome, disfunción y trastorno del ADHD?

    d. ¿Qué tratamiento se ofrece para resolver el trastorno ADHD?

    e. ¿Qué le preguntarían al autor/es?

El Equipo N° 1 analizó los siguientes textos de la revista de la Fundación TDAH (Buenos Aires, 2001): el prólogo de Ernestina Montefusco de Pergolini, directora de la Fundación, un artículo sobre

---

8. "La medicación desresponsabiliza", entrevista publicada en Stiglitz, Gustavo (comp.) *DDA, ADD; ADHD, como ustedes quieran* (Editorial Grama, Buenos Aires, 2006, p. 33).

el trastorno de atención de Rubén Scandar, otro sobre dislexia y el argumento de la contratapa.

Según pudo extraerse de dichos textos, los niños son clasificados dentro o fuera del TDAH a partir de las notas de la libreta escolar, ante lo cual el equipo se preguntó si con estos parámetros de medición es posible hacer una detección precoz de la atención y de la conducta. La paradoja que situaron es que no se sale del escollo al considerar que todo en los niños resulta medible y clasificable mediante normas estandarizadas.

En los textos analizados, los autores aseguran que el 7% de todos los chicos escolarizados tiene TDAH, trastorno que abordan desde un discurso médico-biológico-mercantilista.

La revista difunde un programa de capacitación desde España. La terapia propuesta consiste en capacitar, entrenar y psicoterapiar. Los significantes Amos que se repiten son: Enfócate, entrénate, avancemos, atiende, resultados esperables, eficacia, negociar.

Respecto del artículo sobre el trastorno de atención de Rubén Scandar, expresaron asombro por la tecnicidad y la falta de interés acerca de las causas. Le preguntarían a ese autor qué quedó del deseo y la subjetividad en él.

Los integrantes del Equipo N° 2 analizaron el texto del libro titulado: *Ratones, dragones y seres humanos auténticos. Aprendiendo a pensar y actuar de manera asertiva*, de los autores E. Manuel García Pérez y Ángela Magaz Lago (Grupo ALBOR COHS, consultores en Ciencias humanas, España).

Tuvieron la impresión de estar leyendo un libro de religión, pues todo el texto se basa en un programa de entrenamiento y condicionamiento social donde se apunta al "todos iguales". Siguiendo las pautas de este libro se llegaría –para sus autores– a ser un tipo auténtico.

A partir de clasificar los comportamientos de los niños escolarizados en tres clases: conductas activas, agresivas y asertivas, se evalúa que el modelo asertivo consistiría en ser un ser humano auténtico. Para cada comportamiento se tiene una respuesta pre-establecida. El modelo es el de la Reflexología: Estímulo-respuesta. El texto parece una receta: Si leés el libro, te convertís. Se recorta un discurso sobre la salvación, la pastoral, proponiéndose como un texto de autoayuda.

Ejemplo: Si no hacés caso, te pasa tal cosa. Resulta un mandato que pone al chico como un power, en la carrera de un agente 007.

Cita del texto: "Si tenés todos estos derechos conseguís la libertad; si sos bueno te va a ir bien".

Resulta un discurso homogeneizante. Del texto se desprende la siguiente lógica: Si seguís los pasos de este libro, no serás un ratón sino un león, no un sapo sino un príncipe.

Les preguntarían a sus autores en qué posición pedagógica se sitúan y qué sujeto del aprendizaje hay –si lo hay– para el conductismo. Concluyen humorísticamente diciéndonos: ¡Leelo ya!

Los integrantes del equipo N° 3 trabajaron sobre el texto del libro del Grupo español ALBOR COHS, dedicado a padres de niños clasificados ADHD, titulado: *Educar, cómo y por qué. Guía para padres y madres*, de los autores E. Pérez y Ángela Magaz Lago.

Situaron en el texto la repetición de los siguientes significantes: conductas adecuadas a la norma, guía de conducta, pautas de conducta. El discurso es conductista y genético. Se habla de que los padres pueden cambiar el carácter del niño y de la importancia de las buenas influencias para formatear al carácter de acuerdo a un patrón ideal.

Ubicaron como contradicción del texto que por un lado se plantea que cada niño es único e irrepetible y por el otro se establece que se debe formatear el carácter de los niños según un modelo.

Para el temperamento difícil del niño proponen el castigo. El consejo es castigarlo, para hacerlo fuerte de carácter.

Lo que se ofrece como tratamiento a lo desviado de la conducta es poner al chico en los carriles, condicionarlo y adaptarlo al modelo de conducta.

No les surgieron preguntas para hacerle al autor porque no les quedaron dudas respecto de que se trata de un manual orientado al adiestramiento y el condicionamiento de los niños.

Quienes conformaron el Equipo N° 4 centraron su análisis en el texto del libro *Soy hiperactivo/a. ¿Qué puedo hacer?*, de E. Manuel Pérez (Grupo ALBOR COHS, de España).

Las palabras Amos que resaltaron son: buen comportamiento, autoestima, autoconsejo negativo.

El libro parece una receta. Entre los consejos dados a los niños no se diferencia a los nenes de las nenas. El discurso es conductista y directivo. Ejemplo de un consejo directivo: "No sentarse cerca de alguien que te distrae".

La oferta de tratamiento para el ADHD es medicamentosa, a fines de desacelerar el cerebro. Como no se conocen las causas de la hiperactividad, usan lo que ellos llaman una metáfora, cuya finalidad es eliminar al síntoma.

Le preguntarían al autor cómo puede lograr que un alumno siga este programa en el aula. Porque la paradoja es que dicho programa excluye al docente como agente del acto de enseñar.

Por otro lado, el texto se reduce a inyectarle prejuicios a los niños: "Si haces tal cosa, te pasa tal otra", etc.

El Equipo Nº 5 centró su análisis en el texto del libro titulado *El niño que no podía dejar de portarse mal. Su comprensión y tratamiento,* del Licenciado en psicología Rubén Scandar, de la Fundación TDAH de Buenos Aires.

El autor es fiel a su nombre propio: por homofonía, un escáner. Así resulta la lectura de su texto. Todo se reduce a actividades para realizar y a la prescripción de medicación para todos los niños por igual.

El significante Amo es TDHD y resiliencia, el adaptarse a todo (palabra importada de la Física, que alude a la capacidad de los metales para volver a su estado natural).

¿Qué características se buscan para diagnosticar? La inquietud, el moverse del niño cuando duerme.

El planteo es que el niño debe ser una momia. Como índices de desatención, el autor considera medir si el niño sueña despierto, si es volador con sus fantasías, si tiene pobres resultados escolares, baja tolerancia a la frustración, etc. Y considera como mitos a las críticas que se le hacen al conductismo acerca de que los chicos son mal diagnosticados al ser clasificados con el desorden de ADHD. Pues afirma que los psicólogos conductistas son profesionales competentes, en la medida que se basan precisamente en protocolos de medición estadística.

¿Qué se busca evaluar? Se puede extraer del texto que se hacen clasificaciones para realizar una terapéutica farmacológica y conductista. Por lo tanto, no existe la singularidad en la medida que todos los casos son estandarizados.

El discurso predominante es médico-conductal, y el tratamiento indicado para el trastorno de ADHD es multifacético, a través de la medicación y mediante psicoterapias conductistas e higienistas.

Le preguntarían al autor dónde queda el sujeto del deseo con tanta evaluación de la conducta y de la atención.

La conclusión que se desprende de los aportes del trabajo del taller es la necesidad de seguir apostando –en tanto practicantes de la educación y del psicoanálisis– a la subjetividad de los niños y adolescentes expresada por las nuevas formas de presentación del síntoma, oponiéndonos en nuestro acto diario a la idea que introduce el mercado de la salud mental sobre "el niño como objeto generalizado, globalizado y anónimo".

El quehacer con lo insoportable

Hace algunos años, muchos de los malestares que padecían los niños en su vida escolar encontraban soluciones de la mano del docente que conducía el aprendizaje. Así, cuando un alumno no prestaba atención en clase su maestra se las ingeniaba para descolgarlo de la luna de Valencia y alojarlo en la vida del aula.

Del mismo modo, cuando otro alumno manifestaba agitación del cuerpo en el sentido de que incurría en algún desborde de conducta en contra de las normas escolares, la palabra del maestro y la imposición de límites provocaban una pacificación en el niño.

Pero si algún alumno no podía dejar de enredarse en la luna de Valencia o en la agitación de su cuerpo, vale decir que caía siempre en la repetición de lo mismo, el docente entendía que ese niño sufría de un síntoma y necesitaba de otro tipo de ayuda que él no podía brindar pues lo excedía en su saber pedagógico. Entonces, alertaba a sus padres sobre ello para que buscaran ayuda profesional.

Muchas veces, cuando los psicoanalistas conversamos con los docentes nos preguntamos si hoy ya no existen estos síntomas o bien se manifiestan de otra manera. Y, en la misma perspectiva, nos interrogamos acerca de por qué ya no se habla de problemáticas subjetivas en la experiencia del aprendizaje escolar sino de trastornos y déficits de la conducta, la atención, la inteligencia.

Etimológicamente se considera trastorno, déficit o disfunción, en relación a la alteración de un funcionamiento ideal, aquello que se aleja de un parámetro o bien no encaja con la medida pre-establecida. La sigla ADHD, por ejemplo, condensa las palabras disfunción y déficit de la atención y la hiperactividad.

El problema es que cuando se dice que un niño tiene ADHD no se lo está diagnosticando sino que se lo está etiquetando. En esa vía no interesa lo que le pasa a tal niño, en la medida que no se le da lugar a su palabra.

Cae por su peso que cuando no queremos saber nada de la subjetividad de los niños etiquetamos, entrando a la antesala de las soluciones que brinda el mercado de la salud mental para todos igual. Y los trastornados de la conducta y la atención recibirán como castigo la orden de consumir la pastillita mágica o de someterse a las psicoterapias re-educativas.

Por el contrario, desde la perspectiva psicoanalítica leemos que la fiebre evaluativa es uno de los *males* de nuestra época donde el mercado actual termina introduciendo un estilo de vida en el que se evalúa, se clasifica y se medica a los niños que presentan dificultades en su aprendizaje escolar bajo el sueño de que a nuestros niños podríamos sincronizarlos como a las máquinas. Bajo ese mito: No más niños traviesos, ni inquietos, ni imaginativos, ni problematizados.

Ahora: ¿Dejaremos a los niños en manos de los intereses del mercado? ¿Nos quedaremos de brazos cruzados, mirando para otro lado, o nos valdremos de los principios éticos que avalan nuestro acto como psicoanalistas y o educadores?

Los practicantes del psicoanálisis seguimos presentando combate, en tanto compartimos con los educadores la convicción de la necesariedad de alojar la subjetividad de niños y jóvenes, y eso no se puede lograr sin leer los síntomas desde el caso por caso y en cada situación institucional.

Síntomas epidémicos del siglo XXI[9]

Bajo este título se realizó un taller cuyo disertante y coordinador fue el Dr. Fernando Alonso, Pediatra y Psiquiatra Infanto Juvenil del Hospital Provincial de Rosario, ocasión en la cual fui invitada a participar desde mi lectura psicoanalítica.

Los disertantes abrieron el interrogante acerca de qué entendemos por salud mental, considerando que la OMS no dispone de una definición oficial científica, aunque sí opone los términos salud mental a las enfermedades nerviosas.

Si bien el criterio de salud mental carece de consistencia epistémica, se emparenta en cambio con el orden público y el control social.

Para el sentido común, alguien que carece de salud mental es aquel en quien no se puede confiar el cuidado de un niño.

Desde la perspectiva psicoanalítica la salud mental no existe, en tanto los humanos estamos marcados en nuestro cuerpo y en nuestros pensamientos por las palabras, nos sostenemos en la vida con nuestros pequeños delirios, y sin llegar a ser psicóticos estamos todos un poco locos.

Pero lo que fundamentalmente nos diferencia de las máquinas y de los animales salvajes que responden a un programa instintual es que los seres hablantes no tenemos un programa para vivir la vida y por ello hacemos síntomas, los que son funcionales en tanto resultan diversos modos subjetivos de tratar lo insoportable.

---

9. Reseña del taller sobre *Síntomas epidémicos del siglo XXI*, XXVIII Jornadas Nacionales de Pediatría, Rosario, 2008.

Según se aborde la cuestión del síntoma, se lo puede aliviar o cronificarlo.

Hoy día, es común que si un chico presenta problemas en la escuela se diga apresuradamente que padece de síndrome de hiperactividad, sin que nadie le pregunte al niño "¿qué te está pasando?". Por el contrario, se lo medica y se lo re-educa.

Desde las neurociencias y las psicoterapias cognitivistas y del adiestramiento de la conducta, la salud mental se organiza excluyendo la subjetividad del paciente. De allí que se quiera abortar al síntoma: anorexia, bulimia, problemas de aprendizaje escolar, adicciones tóxicas, fenómenos psicosomáticos, angustia de pánico, autismo infantil, degradándolo a un trastorno (ADHD, TOC, síndrome de Asperger), a una disfunción o a alteraciones de la conducta, de la inteligencia, de la alimentación, etc.

Los rótulos de fenómenos disfuncionales, que eluden la pregunta al niño sobre su sufrimiento, no son diagnósticos, en tanto el arte de diagnosticar se apoya en el caso por caso. Y la mayor paradoja es que cuando se ataca al síntoma se desemboca en su cronificación.

Hablar de subjetividad en el síntoma implica que se está dividido y que muchas veces se goza de lo que se dice sufrir. Por ejemplo, quien bebe compulsivamente sabe que debe dejar la botella porque le hace mal, pero no la puede dejar porque su bien o su goce es tomar un vaso y otro y otro. Se da cuenta de que el alcohol le hace daño pero su satisfacción la encuentra allí.

O la niñita que entiende que haciendo berrinches no logra la atención y el amor de sus padres, pero no puede dejar de hacer escándalos en público.

Si para la Ciencia médica el síntoma es signo de una enfermedad, para el psicoanálisis el síntoma es goce.

Se goza del síntoma.

Y si bien se consulta cuando algo del síntoma se desanuda y el paciente lo vive como un desorden o una disfunción que va en contra de sus ideales y de sus sueños, en sí mismo el síntoma es un funcionamiento necesario.

Porque no hay subjetividad ni civilización sin síntomas.

Como al niño lo traen sus padres a la consulta, ellos nos hablan angustiados o desesperados sobre lo que consideran el sufrimiento de su hijo. Pero también tendremos que localizar qué dice el niño sobre cuál es su padecimiento.

Siempre se consulta empujado por un sufrimiento, cuando hay un mal uso del síntoma o se tiene una relación enferma con el síntoma.

La otra cara del síntoma donde se pone en juego un saber hacer con él se evidencia, por ejemplo, en el músico, que va con su instrumento musical a todos lados, lo lleva incorporado a su cuerpo, en el médico, con su pasión de curar, etc.

Otros interrogantes surgidos en la conversación apuntaron a los chicos y las familias que hoy nos llegan al consultorio, las dificultades con el *lazo transferencial* (suponerle el saber al médico) y las nuevas formas epidémicas en que se manifiestan los síntomas de los niños y adolescentes.

Desde ejemplos de la propia clínica, los participantes resaltaron que los calladitos y reprimidos niños de anteriores épocas viraron a chicos parlanchines, sin miedos, desatados y hasta desafiantes ante la autoridad de los adultos, lo que se manifiesta en el lazo con su pediatra.

El lugar de Ideal que antes ocupaba el niño para sus padres rotó al lugar del niño como objeto de goce de la madre, de la familia y de la civilización.

Estos niños Amos fascinan por un lado a los mayores porque parecen saber lo que quieren, pero por otro lado inspiran miedo a sus padres, quienes se muestran impotentes para ponerles límites. Los dejan pasarse de revoluciones y en ocasiones le piden al neurólogo que los medique por hiperactivos.

La misma familia del niño ha cambiado. Lo muestra la obra teatral de Gasalla titulada *Más respeto que soy tu madre*.

La autoridad paterna se ha pulverizado y las diferentes funciones del padre y la madre se han homogeneizado. Esta metamorfosis que ha sufrido la autoridad paterna incide en el lazo de la familia del niño con el pediatra.

No hay que desesperar. Nuestra civilización es más realista, porque se apoya en la inexistencia del padre Ideal todo saber y poder, otro sin fallas que nos ordenaría la vida.

Ese mismo agujero en el saber llama a la responsabilidad de cada uno y a la invención en nuestro accionar diario.

La subjetividad de nuestra época no sufre porque las cosas no funcionan como quisiéramos, en tanto ya sabe que el malestar cultural es estructural. Nuestra civilización sufre de los impasses generados por las tecno-ciencias, cuando se evalúa, se clasifica y se etiqueta por igual a todos los niños y jóvenes en base a un protocolo de preguntas y respuestas pre-establecidas: fracasado escolar, drogadicto, ADHD, TOC.

En relación a esto, una de las conclusiones de la mesa fue que, si la infancia del siglo XXI está amenazada, quienes recibimos a niños y adolescentes en nuestra práctica clínica no podemos desentendernos ni bajar los brazos en nuestra acción, sino que tenemos el deber ético de alojar lo más singular de cada niño, que es su síntoma.

En esa dirección se trató la cuestión de que la medicación resulta necesaria solo en algunos casos, porque lo fundamental del acto médico se centra en el lazo con su paciente, y no en llenar protocolos.

Al finalizar la conversación, quedó formulado el deseo conjunto de los médicos pediatras acerca de profundizar en sus debates virtuales las siguientes preguntas:

1. ¿Podemos hablar de diferentes niños y síntomas de acuerdo a su nivel social?
2. El abuso sexual infantil, ¿por qué hoy día se muestra naturalizado?
3. ¿La violencia se manifiesta cuando no se aceptan las diferencias con los demás, o este fenómeno de agresión incentivado en nuestra época va más allá de eso?

Hay qué decir…

Partiré de una situación de mi práctica para subrayar algunas dificultades que encontré en la línea de hacer existir al inconsciente en la cura con María, de 11 años de edad.

a. Lacan señala en su escrito *La dirección de la cura*[10] que el inconsciente no se resiste, y agrega que no hay otra resistencia al análisis más que la del analista mismo.

   En esa perspectiva, subrayo una intervención apresurada que hice con María sin contar por ese entonces con la precisión diagnóstica.
b. Extraigo de las entrevistas con los padres de María la dificultad del establecimiento del lazo transferencial, y el rechazo de cada uno de ellos a la subjetividad de María en tanto esta hija es puesta en el lugar del objeto mirada, en la repetida escena de rivalidad fálica montada por la pareja parental.
c. Del costado de María ubico su estructura clínica haciendo de límite para la instalación del Supuesto sujeto Saber, manifestándose, en cambio, el inconsciente a cielo abierto.

En nuestro primer encuentro, María me comunica que sufre los recreos escolares y a sus compañeras desde el pre-escolar. Y que ella hace todo el esfuerzo poniendo la mejor actitud para adaptarse, pero el problema es que las chicas de su edad la rechazan, y solo los más chiquitos la entienden.

---

10. J. Lacan, *Escritos I, Tomo II, La dirección de la cura y los principios de su poder*, Siglo XXI Editores, p. 575, Argentina, 1988.

María acompasa su catarata de quejas y denuncias hacia sus pares mediante los estribillos: "Hay qué decir" y "Ampliamos la historia".

Me comunica que hace dos años su malestar se recrudeció a partir de que las dos amigas que tenía le hackearon su facebook para insultar a padres y alumnos de su escuela. Una de ellas se cambió de escuela a causa de dicho escándalo público donde intervinieron los padres de María en carácter de denunciantes. La otra chica es ubicada por María como su rival mortífera en el espejo narcisista.

—Mi mamá dice que mi problema son los celos que le tengo. No. Yo la envidio porque ella tiene a todo el mundo a sus pies.

María me explica con su rigurosa lógica los tres pasos que siempre se dan en las chicas:

1. Las chicas dicen que van a otro lugar, para no decir que no la quieren a ella.
2. Le reprochan cosas, por ejemplo que ella se va con los más chiquitos.
3. Hacen el juego de los secretitos para apartarla a ella. Los secretitos se dividen en dos: los reales, que son los que se cuentan dos amigas y los imaginarios, que son para la reunión del grupo.

En uno de nuestros primeros encuentros, ante su relato despersonalizado donde ponía en serie sus pesadillas, sustos banales y un grave accidente que sufrió en su infancia por envenenamiento, le dije:

—Metés todo en la misma bolsa.

Esta intervención, tan verdadera como inoportuna, la enloqueció dejándola perpleja.

Todo para ella es de un peligro muy grande: sus sueños son reales, al borde de lo traumático, y sus interpretaciones son al modo de la alusión delirante, como cuando me explicó que ella desde chiquita siente que es parte del cerebro de su mamá, que son iguales en la parte preocupada por la escuela, y que eso es por los genes.

Un cuento con el cual la niña participó de un concurso de narrativa infantil refleja su estar en el mundo:

Una niña decide correr los riesgos de morir al salir al mundo. Ella vive en una casa hecha de pantallas de TV como todos los niños de este mundo que ha quedado totalmente contaminado. Todo el mundo vive encerrado y no puede salir porque la naturaleza animal ha quedado infectada por el hombre. Esta niña pasa por varias pruebas junto a un amiguito, aunque logran sobrevivir. La moraleja es que no hay que destruir la naturaleza.

Un control corrigió la posición que debía ocupar la analista, delineando el justo lugar del partenaire-analista: confiable, maleable y dispuesto a servir de coto al mundo contaminado de María.

En otra ocasión, María me comunica que está escribiendo un diario por las noches y que también lo lleva a la escuela para usarlo cuando sus compañeras la rechazan. Ella, al escribir su diario, se aparta del rechazo de las otras chicas.

Inició la escritura del diario en la fecha en que comenzó a venir a verme. En su diario la analista es incluida como Graciela, con sus rulitos, sus libros y ojos claros como los de su hermano. Así me identifica.

Aliento cada vez su trabajo de escritura. Actualmente solo escribe cuando surge algo nuevo para ella, por ejemplo cuando su hermana se enfermó de varicela y ella se ocupó de cuidarla leyéndole cuentos a distancia para no contagiarse.

Su queja paranoica hacia sus pares escolares se fue acotando a partir de un juego que hicimos en una sesión donde la invité a que inventara nombres para individualizar a sus compañeros por su rasgo de insoportable.

Por ejemplo: al que dice palabrotas lo llamamos de allí en más "el boca sucia", "el ordinario" al que hace gestos obscenos, "la falsa reinita" a la que divide para reinar, "la buchona" a la que lleva y trae, "la chillona" a la que aturde cuando habla, etc.

Actualmente, cuando María habla de las chicas de su curso las agrupa en una clase llamándolas las anti-Marías. Sin embargo, en muchas ocasiones las otras chicas se le tornan amenazantes. En una sesión entra diciendo de ellas:

—Me ponen loca, no dejan en paz mi cerebro. Estudiaron Religión por 6 años y no entendieron nada. Es imposible que ellas cambien porque no se esfuerzan. Es el mismo problema y se hace peor cada día. Ninguna psicóloga puede cambiar mi problema. Voy a cambiarme de escuela porque no soporto más…

Le digo en el tono de un ruego:

—Dame tiempo, teneme paciencia que yo te sigo en tu trabajo, todavía "hay qué decir".

En esa perspectiva, alentando sus decires, van mis intervenciones.

Había una vez…[11]

Pedagogos y educadores suelen resaltar los efectos que se logran en el aprendizaje escolar de niños pequeños por medio de la narrativa de cuentos infantiles.

Bajo esa perspectiva didáctica, tanto en las guarderías maternales como en los jardines de infantes, los maestros dan cuerpo a las ficciones infantiles prestando cada vez su voz al "había una vez".

Podemos percibir que más allá del saber popular acerca de que a los niños en su primera infancia se les ayuda a conciliar el sueño contándoles cuentos, cada cuento bien contado resulta un llamado a despertarnos un poquito, especialmente en estos tiempos de aceleración, de consumo de imágenes y del empuje al individualismo yoico, donde no hay lugar para lo diferente en los diversos sueños y anhelos infantiles, que resultan excluidos del mercado por no ser útiles al mismo.

El niño mismo ha pasado a ser un objeto del consumo, y en ese aspecto se corre el riesgo de que pronto ya no existan los niños traviesos, juguetones ni imaginativos, sino niños robotizados.

Por fortuna y para paliar mi pesimismo, recientemente tuve un acontecimiento imprevisto al participar de una fiesta de fin de curso donde niños de corta edad contaron y dramatizaron para sus familias el cuento de Los tres chanchitos y el lobo.

No salía de mi asombro, pues sin querer los niños y sus maestras habían elegido para nosotros un cuento que de niña solía escuchar

---

11. Representación escolar. Anfiteatro Parque España, Rosario, 2012.

con atención y que yo misma he contado repetidamente a mis hijos y actualmente a mis nietos.

En Wikipedia, la enciclopedia disponible en internet, se lee que la fábula de los tres cerditos y el lobo es anónima, no tiene datos de autoría. Apareció en el siglo XIX y se hizo famosa en 1933 a partir de que Walt Disney la convirtió en una película.

Mi sorpresa fue escuchar en dicha ocasión una nueva versión del cuento a partir de una nueva escritura realizada en acto por este grupo de niños junto a sus maestras y la Directora del establecimiento escolar.

Me pareció notable el giro de 180º dado a los personajes y la original dinámica inyectada al cuento: el lobo ya no era voraz ni destructivo ni temerario como en el viejo cuento, sino un lobo amigable, alegre y hasta cómico.

Los tres chanchitos llamados Práctico el mayor, Dormilón y Holgazán los menores, se olvidaron de sus papeles tradicionales y de los nombres que les habían puesto para unirse en un proyecto común de construcción de una casa pidiendo colaboración a las flores y a otros animalitos: las abejas, los sapos, las hormigas, los conejos y las mariposas. Cada especie de animales aportó su trabajo haciendo uso de su especial habilidad, así como las flores pusieron su aroma, colores y cadencia.

El final de la obra –la casa– se festejó con alegría entre todos, y los tres chanchitos invitaron al lobo a sumarse al festejo en una alegre ronda de baile y canto, con el suplemento del acompañamiento acompasado de manos que hacíamos desde el público los mayores.

Aprendí de este nuevo cuento contado y dramatizado por estos niños, docentes y algunos padres, que si bien algunos viejos valores morales y éticos como el trabajo, la solidaridad y el respeto por lo diferente aparecen devaluados en nuestro siglo XXI, se los puede reintroducir en la educación y crianza de nuestros niños a través de la literatura infantil, en vías de alojar la curiosidad infantil.

En este nuevo cuento se pone de relieve, mediante el papel del lobo compañero, la transformación que ha tenido la imago paterna a lo largo de las civilizaciones: del temor al padre que dice que no y castiga, al padre confiable que dice que sí al deseo del niño, ese nuevo padre compañero que puede disfrutar del lazo con su hijo/a, jugando en una plaza como también contándole un cuento o una historia inventada por él.

Los lazos fraternos de los tres chanchitos también hoy día transitan por otros caminos. Así lo resaltaba este nuevo cuento que nos contaron los chicos. Ya no era el hermano mayor el que debía abrir forzosamente el camino a seguir por sus hermanos menores, sino que los tres chanchitos se unieron en un mismo proyecto, contando con la ayuda de los demás animalitos.

Y, colorín colorado, este nuevo cuento de los tres chanchitos y el lobo que nos contaron estos alegres niños se ha terminado.

El juego infantil

Para abordar el lugar que nuestra civilización otorga al juego en los niños nos apoyaremos en la película de dibujos animados titulada *La gran aventura Lego,* dirigida por Chris Miller y Phil Lord.[12]

¿Por qué a los niños les gusta tanto esta historia, en cuáles cuestiones se sienten identificados?

La trama del film trata de seres robotizados que todos los días hacen lo mismo, siguiendo un programa pre-establecido.

El personaje principal llamado Emmet se levanta diariamente a la misma hora, se asea, se viste, desayuna rápidamente y se va a trabajar en la construcción de edificios mientras canta repetitivamente: *Todo es increíble*, canción que alude a lo bien que van las cosas, aunque pase lo contrario.

Emmet, como los demás legos, no se plantean qué les gustaría hacer, ni opinan sobre nada, casi ni hablan entre ellos. La única preocupación que emerge en Emmet todas las mañanas al despertarse y que repite a modo de estribillo es: *¿Dónde están mis pantalones?*

En el trabajo de la construcción de edificios todos los legos se mueven al unísono y siguen las instrucciones al modo de piezas que encajan armónicamente en una gran máquina computarizada.

---

12. Ramiro Ortiz, en el diario virtual *Córdoba* nos aclara: "Las piezas de encastre Lego son una de las más famosas del mundo (junto con Rasti o Mis Ladrillos). Mientras que Rasti es una empresa de origen alemán, Lego nació en Dinamarca hacia 1918, construyendo juguetes de madera. En 2003 fabricaba alrededor de 2,3 millones de piezas por hora. En 2014 ya tiene un pie firme dentro del mundo del cine con la película *La gran aventura Lego*".

Encontramos, a través de estas imágenes masivas y homogéneas de obreros trabajando mecánicamente, un parangón con la película de Chaplin *Los tiempos modernos.*

Por un lado, el agente del discurso capitalista está representado por el Señor Negocios, un malvado a quien solo le interesa el dinero, que además quiere destruir al mundo y las diversas obras que realizan los trabajadores.

A la pasión destructiva del Señor Negocios hace de contrapeso un anciano llamado Vitruvius, que difunde una profecía sobre el esperado personaje salvador del mundo.

Por error, Emmet es elegido el personaje extraordinario para tamaña empresa, pues los demás le atribuyen el poder de salvar al mundo de la destrucción y del aburrimiento.

Así, Emmet se convierte rápidamente en un líder antihéroe que genera la confianza de los demás para el trabajo colectivo, donde cada uno aporta su granito de arena para resolver los problemas que genera el Señor Negocio.

Como tantas veces, el postre de esta historia viene al final: el conflicto del niño y su padre, tal como se presenta hoy día.

Este padre, ubicado en posición de paridad con su hijo, se enoja porque el niño desordenó su pieza dando rienda suelta a su imaginación, jugando con sus juguetes a salirse de los modelos pre-establecidos, inventando otras historias con viejos personajes como Batman, el hombre araña, la mujer maravilla, etc.

El padre, en un primer momento, se muestra molesto por la sub-versión lúdica de su hijo, pero el niño no retrocede y lo disuade contándole la divertida historia que inventó.

El padre, entonces, reconoce en su hijo el derecho a jugar con libertad y lo alienta para que siga en esa vía lúdica creativa, anunciándole que tendrá que aceptar —eso sí— una nueva compañerita de juegos: su hermanita, que ya está en camino.

Nuevas mujeres y maternidades

En la perspectiva de pensar a la sexualidad femenina como preliminar al psicoanálisis con niños, partiremos de interrogantes acerca de cómo abordan hoy las mujeres su sexualidad, los usos que dan a los semblantes de la maternidad y el lugar que ocupa el niño en el deseo materno.

Podemos observar que los modos de asumir la maternidad en nuestra época resaltan posiciones extremadamente fálicas en mujeres que son sólo madres o madres solas, en tanto prescinden del amor de un partenaire más allá del niño, y al precio muchas veces de ahogar los misterios de la femineidad.

En esa línea, otras mujeres se enlazan a hombres maternizados, donde la función del padre del niño queda homologada a la madre.

Y en no pocas ocasiones, ella y su pareja en tanto padres esclavizan la crianza del niño al delirio higienicista, generado por el entrecruzamiento de los discursos científico y capitalista.

Jacques-Alain Miller, junto con Eric Laurent en su curso titulado *El Otro que no existe y sus comités de ética*, dictado en 1997, interpretaron que la civilización hipermoderna produce la feminización del mundo.[13]

En relación a esta cuestión, Guy Briole, en su Seminario dictado en el CIEC en 2013[14] reflexionaba acerca de que en la actualidad

---

13. Jacques-Alain Miller, *El Otro que no existe y sus comités de ética*, 2005, Paidós.
14. Briole Guy, *La feminización del mundo*, CIEC, 2013, Colección Grulla.

se les confía a las mujeres el manejo del Significante amo y, con ese significante amo que ellas manejan con astucia como un semblante, mandan caprichosamente, donde el capricho por sobre todo se caracteriza por ser una ausencia de ley.

En ese aspecto, el capricho materno se dibuja en las expresiones: "Tu vida me pertenece"; "Cállate pues me da la gana", etc.

Retomemos la pregunta de Guy Briole: ¿Los hombres del siglo XXI se interesan más por las mujeres o por las cosas que a ellas les interesan?

En relación a esta cuestión, la humorista Maitena respondía en una entrevista editada en la revista *Registros* que los hombres ya están enterados de que las minas no los quieren para que las mantengan, o sea que las jóvenes no buscan al hombre proveedor porque se mantienen solas, son independientes económicamente.

Maitena ubica que, hoy por hoy, "las mujeres quieren buen sexo y divertirse, quieren compartir inquietudes con los hombres, tener amigos y también un compañero al lado. Entonces, él va a tener que hacer algo más que trabajar bien.

Mientras hay tipos que cuando se suben a ese planteo de ellas lo pasan mejor, del lado de las mujeres cuando se identifican con los hombres toman lo peor de ellos, copian del hombre sus defectos, a diferencia de los hombres que les copian a ellas sus virtudes, los tipos copian de lo femenino: ocuparse de sus hijos, cambiar a los bebés, ir al supermercado, cocinar, ponerse lindos, salir a correr, ser más sensibles.

De allí que, como ellas también muchos hombres disfrutan de las charlas íntimas, se psicoanalizan, van a aprender danza, yoga.

Pero las minas que aprendieron una manera de ser más independientes y masculinas se identificaron con lo peor de los hombres y descuidan el amor.

Dicen: Me transé tres en la misma noche, fulano es un plomo porque se quiere comprometer y no da, sólo me interesa divertirme con él una o dos veces y ya está".

Reflexiona Maitena: "Tenemos los mismos derechos ahora, pero ¿para qué los querés? Si tuvieras derecho a salir a matar gente que odiás, ¿la irías a matar?, hay una mixtura ahora y el tema de lo masculino y lo femenino es muy amplio. Porque algunas mujeres tenemos muchas cosas masculinas o consideradas masculinas, y hay hombres muy femeninos también. Creo que a esta altura: ¿Qué es lo femenino y qué es lo masculino? Creo que hay que replanteárselo de nuevo…"[15]

Maitena y el psicoanálisis coinciden en hacer un replanteo sobre esta cuestión.

Si nos apoyamos en los conceptos freudianos sobre la sexualidad femenina y la lógica lacaniana sobre la sexuación, consideramos que el empuje a la feminización de nuestra época no se homologa al acceso de la sexualidad femenina y la asunción de dicha posición sexuada.

Sí, el uso del semblante de la maternidad ha sufrido modificaciones.

Leemos en nuestra práctica analítica que el lugar que le es dado al niño en el deseo de la madre ha mutado del Ideal y del falo como don del padre edípico al del niño en tanto objeto plus de goce, que bien puede ser encargado por las mujeres a la Ciencia.

Hoy es el niño quien arma la familia, la que gira en torno a sus intereses pero también –y en el peor de los casos– cuando el niño encarna el papel de un Amo caprichoso comandando a sus padres y educadores.

Si tomamos como brújula la carta de Lacan a Jenny Aubry, del 67, Lacan ubica que:

> "O bien el niño con su síntoma representa lo que hay de sintomático en el vínculo de la pareja sexuada de sus padres, o el síntoma del niño está en relación dual con la madre, dependiendo de la subjetividad materna y encarnando al objeto a de su fantasma".[16]

Estas dos posiciones estructurales por las que responde el niño mediante su síntoma no han cambiado, aunque sí el modo de presentación de los síntomas y su lazo a la subjetividad, que se destaca por la no implicancia ni la responsabilidad más del lado de los adultos que de los niños.

Desde la perspectiva lacaniana, la función de la madre opera cuando una mujer es no-toda madre, cuando su deseo diverge más

---

15. Maitena, entrevista sobre el humor, las mujeres y el amor. *Registros, mujeres y psicoanálisis*, tomo Rouge, Colección Diálogos, 2005, p. 29. Directoras: Gabriela Grinbaum y Débora Rabinovich.
16. Lacan, Jacques, *Nota sobre el niño*, *Otros escritos*. Paidós, 2012, p. 393.

allá del hijo, es decir que encuentra el significante de su deseo en el cuerpo de un hombre.

Aunque esto exige que el padre del niño sea también un hombre.

Especialmente el siglo XXI nos confronta a nuevas conformaciones familiares como las homoparentales, que abren, para los practicantes del psicoanálisis, un colorido abanico de cuestiones para investigar.

El deseo de la madre

Desde Freud, inventor del psicoanálisis, la maternidad se inscribió como un síntoma de las mujeres, un modo particular de ellas de hacer con la falta.

La lógica freudiana para las mujeres parte del no tener el falo, encontrando en el hijo el equivalente fálico.

Entonces, ellas se completan o se sienten completas al tener niños.

A partir de las elaboraciones del psicoanalista Jacques Lacan, el niño no ocupa tanto el lugar del falo de la madre, sino el lugar del objeto que causa su deseo, un objeto de satisfacción no representable, carente de significados, y que escapa a la imagen y al Ideal.

Bajo esa perspectiva, el lugar del niño en el deseo materno se emparenta con los objetos pulsionales: la voz, la mirada, la caca.

Por otro lado, en el siglo XXI la maternidad no es un síntoma exclusivo de las mujeres. Nuestra época se caracteriza por un empuje a la feminización, y eso hace que los hombres quieran ocupar la función materna en la familia, más allá de que compartan la crianza del niño con una pareja homosexual o del otro sexo.

Entonces, la pregunta que nos hacemos sobre el operador deseo de la madre va más allá del personaje madre o padre en cuestión, y del sexo anatómico de quien encarna el deseo de un hijo.

¿Cómo reconocer al deseo de la madre?

Se dice que en otros tiempos, un rey llamado Salomón lo puso a prueba con dos mujeres que reñían porque ambas decían ser la madre del mismo niño. Salomón les dijo que para ser justo con ambas iba a partir al niño por la mitad. Al instante, la verdadera

madre decidió respondiendo: "que se lo quede ella". Y así salvó la
vida de su hijo.

El deseo de la madre se distingue del planear tener un niño.

Lo percibimos cuando nos encontramos con las dificultades de
algunas mujeres para quedar embarazadas en el tiempo que se lo proponen. Y en las que a veces, ante la concreción de una adopción, se
produce el embarazo tan esperado.

En realidad, ese hecho reafirma que el hijo siempre es adoptado
por el deseo de la madre, y que en tanto producto de un deseo no se
adecúa a los programas de sus padres.

Percibimos que el deseo de la madre va más allá de la genitora y de
la proveedora del alimento.

Es un deseo que introduce al niño a la vida, no sólo ordenando
rítmicamente su sueño y alimentación, sino convirtiendo al grito del
niño en un llamado, en palabras que algo quieren decir, interpretando
su llanto de diversas maneras: quiere upa, tiene sueño, necesita que le
cante, le duele la pancita, etc.

Más aún, ese deseo vital de la madre opera cuando no es anónimo,
cuando se enlaza a los propios deseos del niño, y los alimenta diferen-
ciándolos del conjunto de los otros hijos.

Sabemos por el propio análisis que el deseo de la madre depende
de la asunción de la sexualidad femenina en cada mujer.

Jacques Lacan graficó al deseo de la madre con la boca abierta del
cocodrilo que busca engullirse a su cría. En tanto que el padre del niño,
como hombre, es el que puede introducir el palo que traba su boca,
dándole una salida al niño.

De allí la importancia de que cada mujer no sea toda madre. Y que
su deseo diverja hacia un partenaire sexuado, que no sea el niño. Para
ello, debe consentir al deseo de su partenaire, siendo su mujer.

Si bien la Ciencia y la técnica posibilitan la concepción del niño
traspasando las barreras biológicas, chocan con el imposible de provocar y programar al deseo de la madre.

Es que el deseo de la madre nos sorprende como el amor y va
pasando por allí, desplazándose como las aguas de un río, con su com-
pás melodioso y tranquilo, pero no sin ocasiones donde es sacudido en
su curso por algunos vientos tormentosos, según los tiempos vitales
del lazo con cada hijo.

Mujeres, madres y niños

En la clínica psicoanalítica, cuando los analizantes hablan de su madre dibujan –a través de sus dichos– diversas figuras maternas: la protectora, la abandónica, la temerosa, la ausente, la apasionada, la entrometida, la errática, la asfixiante, entre otras.

Dichas ficciones son puestas al trabajo de interrogación por la operación del analista, provocando la implicancia del sujeto analizante en relación a su deseo, el amor y su goce en juego.

Del lado de las mujeres analizantes, se constata que cuando ellas hablan como madres ubican al niño en el lugar del objeto de su deseo.

Es decir que en el deseo de la madre el hijo entra como objeto, el que no es un objeto cualquiera en tanto es equiparado al falo. En ese aspecto, cada niño viene a colmarlas, taponando la falta en tener de las mujeres.

Especialmente, el niño es para la madre el objeto de su satisfacción, el objeto que causa su deseo, dándole una razón a su existencia. Esta perspectiva existencial se lee en los dichos maternos: "Mis hijos me iluminan el camino de la vida. Este niño es mi talón de Aquiles. Mi hija siempre logra lo que quiere conmigo. Esta niña es la melodía de mi vida"; etc.

De modo que cada niña/o es el producto del deseo de una mujer, objeto deseado que en el mejor de los casos ella se lo demanda a su pareja amorosa. Otras veces, se lo encarga a la Ciencia, con o sin la mediación del amor al partenaire sexual.

Los sociólogos ubican cómo el semblante de la madre abnegada, aquella del sacrificio por el bien de sus hijos fue mutando hacia la madre orquesta de nuestra época, la que, más allá de que disponga de ayuda, se ocupa de la crianza y educación de sus hijos pero también de sus intereses personales, de su cuerpo y su vida amorosa, de su trabajo o estudios y de la atención de sus relaciones amistosas, entre otras cuestiones.

Bajo esa perspectiva podemos decir que las mujeres del siglo XXI se han separado del Ideal de la madre sacrificada, y para poder gozar del derecho a la maternidad, sin matar a la mujer que llevan dentro, ellas solo cuentan con sus propios recursos subjetivos.

Dicho de otra manera, para poder tener una maternidad satisfactoria cada mujer debe confrontarse a la división de su deseo en tanto madre y mujer, y estar advertida de que la madre se distancia de la mujer según la lógica lacaniana: a más madre menos mujer, y viceversa.

Hoy día, es observable que las mujeres ya no taponan su falta como antaño llenándose de hijos. Tal vez porque la subjetividad de la época está alertada de que el exceso de madre ahoga el acceso a la femineidad.

Ahora bien, debemos ubicar que el deseo de la madre es de un orden distinto al de planificar tener un hijo.

Decíamos que el deseo de la madre está intrínsecamente enlazado a la sexualidad femenina, en relación a cómo cada mujer asume o rechaza su femineidad.

Jacques-Alan Miller elucida de los conceptos lacanianos que la buena madre no es la madre buena, sino la que responde desde el lugar del no-toda madre, es la que está fallada o la que no encaja con la madre Ideal.[17]

La buena madre es aquella cuyo deseo de niño diverge, en la medida que consiente a ser buscada y encontrada como mujer por su partenaire.

Cito a Miller:

> "El falso padre es el que muchas veces obliga al hijo a encontrar refugio en el fantasma de una madre negada como mujer. ¿Qué queremos decir con esto? Que desde la perspectiva del niño la madre será suficientemente buena madre si no lo es demasiado. Porque la buena madre es la que va más allá

---

17. Miller, Jacques-Alain: *"El niño, entre la mujer y la madre"*. Revista *Carretel*, N° 1, 1998, Nueva Red CEREDA.

de la que enseña al niño a tener buenos hábitos y modales para comportarse bien con los demás. Por eso es preciso que todos los cuidados al niño que la sociedad espera de las madres no disuadan a las madres de desear como mujer".

Del lado del sujeto hijo, cada uno interpreta a su manera al deseo de la madre, lo que incidirá en su vida erótica.

Freud tenía la hipótesis de que la madre de Leonardo Da Vinci puso a su hijo en el lugar del marido y le mochó una parte de su virilidad.

Dicha apreciación freudiana nos lleva a reflexionar sobre el impasse subjetivo en el que se encuentra muchas veces el niño para separarse de ese lugar de objeto gozoso que ocupa en el deseo materno, cuando no cuenta con una madre orientada en su deseo como mujer.

Por el contrario, si la madre deja traslucir ese aspecto del más allá de ella como mujer, ello incide favorablemente en la vida amorosa de sus hijos, haciendo lugar a las diversas respuestas subjetivas de cada uno en relación al deseo, el amor y el goce.

La película de dibujos animados titulada *Valiente*, dirigida por Mark Andrews, pone en escena el fuerte lazo amoroso que une a la hija con su madre, el que se quiebra estrepitosamente durante su adolescencia.

Valiente (Mérida) desde muy niña amaba su libertad, y pasaba sus días cabalgando e investigando lugares desconocidos, además de usar con destreza el arco y la flecha que le había regalado su padre.

Valiente es el paradigma de la ruidosa o querellante separación que debe realizar la hija del deseo materno para poder acceder a su sexualidad femenina.

El deseo materno asfixiaba a la joven, quien cegada por su enojo buscó en primer lugar la falsa salida: motivada por sus reyertas con su madre, le pidió a la bruja que la cambiara.

Finalmente, cuando la jovencita se confrontó con el imposible de que la madre no podía resolverle la vida, y que la solución solo estaba de su lado, fue logrando con astucia que su madre reconociera su derecho a elegir sus objetos de amor y deseo, además de haber puesto en juego, ante su padre y los otros hombres, sus rasgos femeninos: el hechizo, el misterio, la seducción y el coraje.

El ballet de la hija, la madre y la mujer

"Madre hay una sola y justo me tocó a mí", versa el dicho popular.

En el discurso corriente hablamos de la madre o del conjunto de las madres en relación al hijo/a, en tanto reconocemos que en el deseo de la madre el niño es su objeto.

Pero la maternidad no define a las mujeres, como tampoco la anatomía, ni el género al cual pertenecen. Y esa es la pregunta crucial que motiva a la histérica: ¿Qué es ser una mujer?

Muchos casos clínicos testimonian acerca de que no es teniendo hijos que las mujeres acceden a su femineidad, en tanto la solución maternal del tener es más bien lo opuesto al ser mujer.

Tampoco se accede a la sexualidad femenina si se sigue siendo la nena de mamá.

Estas cuestiones suelen ser llevadas al diván por las analizantes mujeres. Y en la experiencia analítica cada una va tejiendo su hacerse mujer, sesión por sesión y con su propio estilo, dando cuenta de la variedad de anudamientos que se realizan para abordar lo femenino.

Esto es porque el psicoanálisis aloja desde el inicio algo insoslayable y estructural en el trabajo de las analizantes mujeres, y es el replanteo de la hija en su relación con su madre en su abordaje a la sexualidad femenina.

Dado que el arte interpreta las cuestiones humanas, y le enseña al psicoanálisis que lo que no puede ser dicho con palabras se puede mostrar, nos apoyaremos en la película titulada *El cisne negro*[18], en tanto

---

18. *El cisne negro*, film dirigido por Darren Aronofsky. Noches cine-debate, EOL Sección Rosario, 2013.

que en la trama de dicho film salta a la vista el lazo tortuoso que la protagonista Nina mantiene con su madre, lo que se extiende también a su relación teñida por la envidia con dos de sus compañeras del ballet.

El drama de Nina nos muestra su vínculo mortificante con la madre, en el cual ella se enreda con una madre sin fallas, lo que le impide acceder a su sexualidad femenina para desamarrarse del lugar dado por su madre: su niña adorada, su falo.

Nina espera demasiado de esa madre, pero no solamente ser reconocida por realizar el Ideal materno de representar en la danza a la reina de los cisnes, lugar que su madre anhelaba para sí misma, un deseo que dejó truncado, sino que Nina queda entrampada en la fascinación por su madre, quien la cuida y la vigila como a un objeto precioso.

Nina espera de la madre lo imposible: que le diga cómo ser una mujer, lo que ninguna madre puede decir, simplemente porque no existe el saber sobre ser mujer que se pueda trasmitir de una a otra.

Nina rechaza tomar contacto con ese agujero de saber en relación al ser mujer, ante lo cual cada una debe inventarse.

De entrada, el film comienza con el relato de un sueño de la joven, donde se pone en juego la necesidad de ser amada, cuestión que caracteriza la problemática femenina: "Tuve un sueño muy raro anoche, sobre la chica que se convertía en cisne. Necesitaba amor para romper el hechizo. Pero su príncipe se enamora de la chica equivocada, así que se suicidó."

La historia de esta película es una versión moderna de *El lago de los cisnes*, en la cual el príncipe Sigfrido es demandado por su madre a escoger una esposa entre las muchachas que estarán en la fiesta que ella le preparará.

La voluntad materna de casarlo amilana al príncipe y sus amigos deciden invitarlo a ir de caza. En el bosque, cerca del lago, comienzan a salir del agua unos cisnes que se van convirtiendo en hermosas jóvenes. Él se queda flechado por Odette, su reina.

Ella le cuenta que fue transformada en cisne junto con sus compañeras por el malvado mago Rothbart, que vuelven a su forma humana por las noches y que el hechizo de ella sólo puede romperlo quien le jure amor eterno.

Pero cuando Sigfrido le va a jurar amor eterno aparece el mago Rothbart y convierte a las jóvenes nuevamente en cisnes para evitar que el príncipe rompa el hechizo.

Como estaba previsto, se celebra la fiesta en el castillo donde el príncipe deberá elegir esposa. La reina madre exige a su hijo que elija esposa entre las jóvenes, él piensa en Odette y se niega, pero en ese momento entra un noble desconocido, es el mago con su hija Odile.

El príncipe, hechizado por el mago, cree ver en Odile a Odette y la escoge como esposa. Rothbart se descubre y muestra a Odette a lo lejos. Sigfrido se da cuenta de su confusión y corre desesperado al lago.

Odette, al descubrir que Sigfrido ha guardado amor eterno a otra, y que por lo tanto el hechizo no puede ser roto, se suicida.

En la trama del film, el sueño de Nina, que reproduce esta historia del lago de los cisnes, es realizado en lo real: Odette, la elegida, la que portaba la sensualidad del cisne negro se suicida.

¿Por qué?, nos preguntamos. ¿Por qué se suicida Nina en el momento en que es ovacionada por el público por su baile bien logrado, qué la llevó a descolgarse de la vida si ella logró ser elegida por el director del ballet para representar a la reina de los cisnes, por qué no pudo disfrutar de lo que decía anhelar?

¿O será que ella termina con su vida ante la mirada de la madre como el objeto-niña perdido en lo real?

El clásico *El lago de los cisnes* retomado en este film tiene como tema fundamental el libre albedrío, o sea la libertad de elegir entre el bien y el mal, según la perspectiva teológica de San Agustín y Santo Tomás de Aquino.

El psicoanálisis dio una torsión de 180 grados a esta perspectiva al considerar que para el ser hablante la elección no es libre ni razonada sino forzada, y que siempre se pierde algo, por ejemplo cuando se elige entre la bolsa o la vida.

Pero lo escandaloso del psicoanálisis fue ubicar al goce como causal en la problemática de la elección.

En esta obra cinematográfica se ofrece a la mirada la danza en tanto poesía corporal, lo que nos hace reflexionar acerca de que esa elección que cada bailarín realiza de danzar toda una vida no es sin el goce del cuerpo, goce que también incluye privaciones de otras satisfacciones.

En Nina, ¿cuál es su goce más allá del que obtiene al danzar?

Ella goza de ser la niña de los ojos de mamá, de allí su natural y bien lograda interpretación del cisne blanco, caracterizado por la inocencia y la gracia infantil.

Y, consecuentemente, sus inhibiciones se ponen al rojo vivo cuando su profesor le demanda representar en el baile al cisne negro, con sus semblantes de sensualidad y seducción femenina.

Ella no puede imaginarse con alas cuando baila, por ello se incrusta unos canutos en la espalda, en espera de que le crezcan alas.

Ahora, si bien Nina logra ser elegida por el director de la obra para representar en el ballet a los dos cisnes, ella queda atrapada entre la espada y la pared, entre la niña y la mujer.

De modo que Nina representa la problemática de la elección femenina, y es que para hacerse mujer cada una tendrá que separarse de ese lugar de objeto que ha ocupado en el deseo de la madre, rompiendo así el hechizo materno.

En relación a esta obra cinematográfica, concluyo mis reflexiones sobre la hija, la madre y la mujer, dejando abierto otro de mis interrogantes: Si Nina era para la madre su objeto de satisfacción, ¿el suicidio fue su acto desesperado por salirse de ese lugar? ¿Ella encarnó con su pasaje al acto al objeto niña que se separa en lo real de la madre, ofreciéndose ante su mirada como el objeto del sacrificio a la manera del cordero pascual?

Cómo interpretar a niños y púberes del siglo XXI

Interrogarnos sobre el lugar que tienen los niños y púberes en nuestra civilización, y cuáles son sus padecimientos, nos lleva a resaltar que el lugar que en el siglo pasado ocupaba el niño en el deseo de la madre, en la familia y la civilización, ha mutado del Ideal a objeto de satisfacción para los otros.

Los practicantes del psicoanálisis, cuando recibimos a niños y adolescentes en la consulta, percibimos que ellos presentan síntomas al modo de epidemias como el fracaso escolar o inhibiciones en el aprendizaje, angustia de pánico, autismos, adicciones a los tóxicos.

¿Cómo interpreta el psicoanálisis estos malestares?

La interpretación

Los seres hablantes interpretamos todo el tiempo, dando sentido a lo que nos pasa. Y a veces nos empecinamos en querer dar sentido a lo que carece de sentido.

Hacemos interpretaciones metafóricas como por ejemplo al decir: "Quien mucho abarca poco aprieta. Ese deportista conquistó al mundo. Esta niña se come los libros".

Hay interpretaciones de sentido religioso, apoyadas en un único sentido para todos: "El corazón a Dios y las manos al trabajo. Las mujeres quieren tener hijos".

Están las interpretaciones metafóricas como la que lanza la protagonista de la novela titulada *La identidad*, de Milan Kundera: "Los hombres ya no se vuelven para mirarme".

Y distinguimos a las interpretaciones científicas porque ubican la causa de una enfermedad, o de un fenómeno físico en la naturaleza, etc.

La interpretación analítica

Sigmund Freud, fundador del psicoanálisis, apoyó la interpretación analítica *–algo eso quiere decir–* al trabajo de los sueños de sus pacientes y a otras formaciones del inconsciente como los lapsus y los chistes.

Es decir que, si a través de los sueños, lapsus, chistes y síntomas se expresa el deseo inconsciente, la interpretación analítica apunta a develar qué cosa anima mi deseo y de qué gozo.

La interpretación de los sueños fue el texto inaugural de Freud apoyado en el análisis interpretativo de una cuarentena de sueños propios y de sus pacientes.[19] Freud ubica en ese texto que en el trabajo analítico de un sueño contado en sesión importa lo que se dice del mismo y cuáles son los detalles que se destacan del relato que realiza el soñante. A veces es una palabra suelta que no encaja con lo que venía diciendo el analizante, quien es sorprendido por la misma en tanto devela una verdad.

En esa perspectiva, para interpretar un sueño Freud prestaba atención a las variaciones, a las dudas y los tropiezos narrativos del soñante.

Para cada analizante hay sueños que son inolvidables.

Pero también están los sueños crudos llamados pesadillas, que muchas veces interrumpen el descanso del soñante. En algunos analizantes las pesadillas se repiten y se tematizan en sueños de persecución, de ahogo, de vaciamiento, de parálisis. Son sueños de angustia, donde una escena traumática se muestra sin velos.

Están los soñantes que repiten en sus sueños un detalle, por ejemplo el color azul que le evoca a tal analizante a su hermano ya muerto.

Los niños suelen contarnos sus sueños desde el momento lógico donde usan las palabras para comunicarse. Nos dicen seriamente: Anoche tuve un sueño. Y lo cuentan espontáneamente.

Los sueños de los niños toman la característica de fabulación muchas veces, y otras, de pesadillas, cuando el encuentro con lo real no es velado por lo simbólico.

---

19. Freud Sigmund, *La interpretación de los sueños*, Obras completas, Editorial Amorrortu.

Para el psicoanálisis, desde Freud, los sueños siguen siendo la vía regia del deseo inconsciente. Aunque hoy día nos cuesta soñar o recordar nuestros sueños.

¿Qué es el deseo?

El deseo no se reduce a la expresión de un deseo. Decir "Quiero estudiar" debe ser puesto a prueba por alguien para ser un deseo.

En la contratapa del libro de Lacan sobre *El deseo y su interpretación*, el psicoanalista Jacques-Alain Miller se pregunta qué nos muestra Lacan en este Seminario, y subraya que:

> "el deseo no es una función biológica, que no está coordinado a un objeto natural, y que su objeto es fantasmático. Por lo tanto, el deseo es extravagante. Él es inasible cuando se lo quiere domesticar. Pero si él no es reconocido, produce un síntoma. En un análisis se trata de interpretar, esto es decir, de leer en el síntoma el mensaje del deseo que él encubre. Si el deseo despista, él suscita en contrapartida la invención de artificios que juegan el rol de brújula. Una especie animal tiene su brújula natural que es única. En la especie humana, las brújulas son múltiples, son los montajes significantes, son discursos. Ellos dicen lo que hay que hacer: cómo pensar, cómo reproducirse. Sin embargo, el fantasma de cada uno se muestra irreductible a los ideales comunes.
>
> Hasta una época reciente, nuestras brújulas, si bien diversas, todas ellas indicaban el mismo norte: el Padre. Se creía al patriarcado una invariante antropológica. Su decadencia se ha acelerado con la igualdad de condiciones, el poderío creciente del capitalismo, la dominación de la técnica. Nosotros estamos en la fase de la salida de la era del Padre. Otro discurso está en vías de suplantar al antiguo. La innovación en el lugar de la tradición. Antes que la jerarquía, la red. El atractivo del porvenir le gana al peso del pasado. Lo femenino sobrepasa, supera lo viril. Allí donde había un orden inmutable, flujos transformacionales empujan, corren los límites.
>
> Freud es de la edad del Padre, hizo mucho por salvarlo. La Iglesia terminó dándose cuenta de ello. Lacan siguió la vía

abierta por Freud, pero lo condujo a plantear que el Padre es un
síntoma. Aquí lo demuestra, siguiendo el ejemplo de Hamlet.
Lo que hemos retenido de Lacan, la formalización del Edipo, el
acento puesto sobre el Nombre del Padre, no era más que su
punto de partida. El Seminario VI lo reformula. El Edipo ya no
es la única solución del deseo, es sólo su forma normalizada,
cuando ésta es patógena no agota el destino del deseo. De allí,
el elogio de la perversión con la que termina el volumen. Lacan
le otorga el valor de una rebelión contra las identificaciones que
aseguran el mantenimiento de la rutina social. Este Seminario
anunciaba la remodelación de los conformismos instaurados
anteriormente o incluso su estallido. Ya estamos en este punto.
Lacan habla de nosotros".[20]

En dicho Seminario VI Lacan hace un elogio de una interpretación
hecha por la psicoanalista posfreudiana Ella Sharp, en tanto que dicha
interpretación apuntó al goce del paciente de su fantasma.

El paciente le comenta a su analista que tuvo un sueño terrible, muy
largo, y que se despertó todo transpirado.[21]

Con respecto a llevar los sueños al análisis, Lacan nos recuerda que
el sueño es hecho no sólo para el análisis, sino para el analista, para
que el analista lo interprete.

Al comienzo de esta sesión, el paciente le comenta a su analista
que él ha notado que siempre tose al subir la escalera, tose antes de
entrar al consultorio, y que por más esfuerzos que él haga no lo puede
controlar.

Y él se pregunta por el sentido de esa tos, pues la toma como un
mensaje a descifrar por parte de la analista.

La analista le pregunta a qué propósito podría servirle toser antes
de entrar al consultorio.

En esta línea, Lacan destaca que la analista no descuida este material que trae su paciente.

El paciente responde a su analista: "Bueno, es el tipo de cosas que
uno haría si se dispusiera a entrar a una habitación donde hay dos
amantes."

20. Lacan, Jacques, *Le Séminaire, libre VI, Le désir et son interprétation*, Éditions de
la Martinière, Le Champ Freudien, juin, 2013.
21. Ib., p. 174.

Comenta que él lo hacía cuando tenía 15 años y su hermano estaba con su novia en la sala de la casa. Tosía para que no se sintieran incómodos si estaban abrazados.

"Analista: ¿Y por qué tose al entrar aquí?

Paciente: Es absurdo porque no me harían subir si hubiera alguien aquí. Sin embargo, me recuerda una fantasía que tuve de encontrarme en una habitación donde no debía estar y, temiendo que alguien pensara que estaba allí, decidí impedir que entraran y me encontraran, para lo cual ladraría como un perro. Eso ocultaría mi presencia. Entonces la persona diría: ¡Oh, no es nada más que un perro!

–¿Un perro? –pregunta la analista.

–Eso me recuerda a un perro que en una ocasión se restregaba contra mi pierna. En realidad se masturbaba. Me da vergüenza contarlo porque no hice nada para impedirlo."

Luego relata su sueño de un cargado sentido sexual.

La analista interpreta el fantasma del paciente de sentirse un perro.

Para Lacan, la interpretación debe apuntar al fantasma, sin comprender. Un perro no tiene ningún sentido.

En esa vía, Lacan destaca a la interpretación como alusiva al deseo en juego, dicha de costado. Porque el deseo es incompatible con la palabra, no alcanza a decirse, no hay la última palabra.

La subjetividad del siglo XXI presenta una problemática con el deseo.

Las dificultades de Hamlet con su deseo, tal como Lacan la expone en este Seminario, se enlaza con las dificultades de nuestra civilización para realizar el trabajo del duelo ante pérdidas de los seres queridos, la caída de los Ideales y la devaluación de los semblantes.

La subjetividad pos-moderna está comandada por el plus de gozar. Falta la falta, lo que motoriza al deseo. De allí los síntomas actuales: depresión, tristeza, pánico, adicciones tóxicas, fracaso escolar.

Los practicantes del psicoanálisis debemos aggiornarnos a esta época pos-edípica, que comenzó en el siglo pasado con la decadencia de la autoridad paterna.

La interpretación analítica no da en el blanco si se apoya en un mito, en el amor o la rivalidad al padre. La interpretación Lacaniana se orienta por lo real del síntoma y destaca la relación singular del sujeto analizante con su objeto de goce.

Y, ¿dónde se apoya el deseo sino en un fantasma?

Lacan enfatiza en este Seminario que el fantasma es respuesta al deseo del Otro que se le impone al sujeto como un enigma. Estamos desamparados en el mundo y el fantasma nos da un marco de donde agarrarnos, una respuesta, un refugio de nuestra falta en ser.

Así, ante el Deseo de la madre el niño se pregunta: *¿Qué me quieres, qué cosa soy para ti?*

Y surgen diversas respuestas fantasmáticas que se ponen al trabajo en la experiencia analítica, porque tampoco podemos vivir nuestra vida si no nos desembarazamos de nuestros fantasmas.

De ello testimonian los analizantes que se aventuraron a atravesar sus fantasmas para realizar sus propios deseos: "Soy la niña de los ojos de mi padre. El payasito de los otros. La joya preciosa de mi mamá. La aguafiestas. La mosca en la leche. El salame de ella. El soplo de mi padre. La negra de mierda".

Porque el deseo, tal como lo plantea Lacan en este Seminario VI, implica una relación al objeto por el rodeo del fantasma. El fantasma es él mismo interpretación del deseo. Y la interpretación analítica lo devela. Ese objeto del propio fantasma puede ser: la mirada, la voz, el seno, el excremento.

Son los objetos pulsionales los que causan al deseo, objetos no especularizables.

De allí que la interpretación más eficaz es el *corte de sesión*, a condición –dice Lacan– de que no sea mecánica.

La problemática actual con el deseo

Sobre el deseo, ¿qué nos quiso decir Lacan cuando dijo que el deseo del hombre es el deseo del Otro?

Este concepto lo podemos relacionar con la picardía popular del dicho: "El que no llora no mama", donde se lee que el deseo nace de la falta.

Observamos que el pequeño cachorrito al nacer depende del Otro materno para poder vivir.

La madre interpretará el grito del niño elevándolo a palabra, que puede tomar múltiples significaciones, según la ocasión: Tiene hambre, le duele la pancita, quiere upa, etc.

Más tarde, el niño deberá interpretar al Deseo de la madre. Y la significación de sentido fálico vendrá como respuesta al qué quiere ella: Si ella desea tener, es porque algo le falta.

Y, en el mejor de los casos, el niño percibe que ella no es toda madre, que hay algo que la excede en tanto que mujer.

O sea que para entrar a la vida e interpretar al mundo necesitamos de un deseo no-anónimo, encarnado por la madre o un otro que ocupe esa función.

Hoy día, los semblantes están caídos, las palabras devaluadas en detrimento del amor y del deseo, pero a favor del goce.

El deseo aparece cortocircuitado en niños que presentan serias dificultades en sus lazos sociales, en su conducta y con el saber escolar. En esos niños falta la pregunta por el deseo del Otro y el propio: ¿qué quiere mi maestra, por qué no me aprobó el examen, qué me quiso decir mi papá?

Tenemos al tipo de chico "enchufadito" que molesta en clase, chicos hiperkinéticos que necesitan de los otros para mostrarse, pero que carecen de curiosidad y del interés por aprender, aunque sobresalgan por su inteligencia.

Y también nos encontramos en esta época con adolescentes que sin ser psicóticos, bajo el estado de intoxicación con alcohol y drogas, hacen pasajes al acto delictivos y criminales, sin sentir culpa ni vergüenza alguna.

¿Cambió el Otro social? Sí, el orden simbólico del siglo XXI, ya no el del siglo pasado; hoy día tenemos un orden simbólico instantáneo y líquido.

El mismo semblante materno ha cambiado, las embarazadas dejaron atrás los tabúes tradicionales y lucen su panza al viento, cuidan su silueta, etc.

Por otro lado, el hijo como proyecto del Ideal de la madre ha pasado a ocupar el lugar del objeto plus de goce de ella.

El psicoanalista Eric Laurent nos dice que el niño del siglo XXI no sólo ocupa el lugar del objeto plus de goce de la madre, sino también de la familia y la civilización.

El niño ha tomado el lugar de un astro para su familia, que gira en torno a él.

La problemática actual es cómo subjetivar a los niños, cómo introducirlos al deseo en una civilización que es comandada por el empuje al goce para todos igual, todos robotitos del consumo.

Escuchamos a madres quejosas de sus hijos, donde la relación al falo aparece cortocircuitada: "No podemos salir con él porque no la pasamos bien. Tenemos que disculparnos con nuestros amigos porque se pone insolente. Si le pregunto cómo le va en el colegio me grita que no lo presione y amenaza con dejar de ir".

Ese bicho raro, el analista

Cuando se lo consulta, el analista opera de entrada mediante su acto, encarnando el lugar del depositario de una queja, de un sufrimiento, alojando la palabra del paciente, sea adulto o niño.

En su operación, cuenta con el deseo de analizar, producto de su propio análisis.

El deseo del analista no se obtiene por estudios académicos. Es producto o resultado de una metamorfosis, de su pasaje de analizante a analista.

El analista causa al deseo del analizante desde su lugar de agente del discurso analítico. Por lo tanto, no domina ni es el dueño del deseo, es más bien lo opuesto a la imagen del analista Ideal y del sabelotodo.

El deseo del analista tiene que ser encarnado en cada cura, soportado por el cuerpo de alguien, de allí que uno no se analiza por internet.

El psicoanalista Jacques-Alain Miller ubicaba hace años, en unas Jornadas de la Escuela en París, que el analista ocupa de entrada el lugar del objeto a, y se cava la fosa en la que lo dejará su analizante al concluir su análisis.

¿Pero qué es el analista?

Sobre este interrogante Lacan fundó su Escuela, la del Pase, rompiendo la tradición jerárquica que sostiene la Sociedad psicoanalítica internacional (IPA), donde los psicoanalistas más viejos autorizan a los más jóvenes a practicar el psicoanálisis luego de contabilizar tantos años de análisis y supervisiones con analistas didactas de esa sociedad.

El *pase* es ofrecido por la Escuela de Lacan a todo aquel que tenga un deseo de trasmitir su caso. El pasante se vale de ese dispositivo testimoniando ante otros dos analizantes, los que hacen de pasadores transmitiendo a un Jurado el testimonio de ese pasante sobre su historia analítica.

Así, el Pase es como el laboratorio de la Escuela Lacaniana donde se buscan analistas, uno por uno. Lacan lo inventó para resolver el dilema de la existencia del psicoanálisis. Pues si no hay analistas no hay psicoanálisis.

Sin analista puede haber psicoterapia, pero no psicoanálisis. De allí que un analista, si bien surge del diván, realiza su formación continua en la escuela de Lacan, haciendo la experiencia de la escuela con los otros.

¿Qué es la adolescencia?

En el discurso corriente, la palabra adolescencia reúne una variedad de significaciones. Una de ellas está construida en torno a una franja de edad cronológica que se fue modificando a lo largo de las civilizaciones y que hoy día traspasa las dos décadas; otra es la comportamental o psicológica, que varía según los semblantes vigentes en cada época; y también tenemos la interpretación biológica del criterio médico.

Hoy por hoy, existe un mercado específico para el consumo de los adolescentes que comprende: vestimenta, tatuajes, gadgets de uso virtual y material pornográfico.

El psicoanalista Jacques-Alain Miller[22] destaca la incidencia del mundo virtual en las vivencias del adolescente actual sobre el ejercicio autoerótico del saber, que ya no necesita ir a buscarlo en el otro pues la máquina misma se lo provee.

Miller utiliza la fórmula lacaniana de: "el saber en el bolsillo", en tanto el sujeto no tiene necesidad de pasar por una estrategia con el deseo del otro. Hoy hay una erótica del saber que es diferente de la erótica del saber que prevalecía antiguamente, porque aquella pasaba por la experiencia del lazo al otro.

También es destacable que el tipo de socialización sintomática que practican los adolescentes no es por identificación a Ideales sino a modos de gozar: alcoholizarse, fumar, practicar deportes de riesgo.

---

22. Jacques-Alain Miller, intervención de clausura de la 3ª Jornada del Institut de l'enfant "Interpretar al niño", Palais de Congrès de Issy-Les-Moulineaux, 21/3/2015. www.psicoanalisisinedito.com

Sigmund Freud, fundador del psicoanálisis, no habló de adolescencia sino de pubertad para referirse a un estado de conmoción, de metamorfosis y de transformación subjetiva del púber en relación a su ser sexuado.

Es decir que, más allá de los cambios funcionales hormonales y orgánicos manifestados por el crecimiento disarmónico del cuerpo, la aparición del vello pubiano en las zonas genitales, etc., el púber es aquel que despierta del sueño de su niñez de una manera brusca y traumática, pues se enfrenta al otro sexo y no sabe qué hacer con él.

Porque, a diferencia de los animales que poseen el instinto que los empuja al apareamiento, los seres humanos no contamos con un programa biológico que determine nuestra vida amorosa. Entonces, la pubertad es uno de esos momentos de la existencia en donde el ser hablante se encuentra con la conmoción de la falta de encaje armónico con el Otro sexo. De allí que resulta habitual que en los lugares de encuentro los varones se agrupen por un lado y las chicas por otro.

En la pubertad también se modifica la imagen del cuerpo. Tanto las miradas furtivas y tendenciosas como las palabras dichas y escuchadas toman una dimensión nueva.

Como al púber se le conmueve la imagen del cuerpo que tenía en su niñez, suele pasar horas mirándose al espejo, intentando acomodarse a su nueva imagen.

¿Cuál es la salida para el púber que vive este sacudón en su existencia?

La solución subjetiva es encontrar para su "Yo" otra forma distinta a la que sus padres depositaron en él cuando era niño. Para ello es necesario que se oriente por el Ideal que está fuera de él, es decir, en los otros.

Y esa elección se hace en la adolescencia.

¿Qué quiere decir constituirse un Ideal del Yo?

Es poder hacer una nueva elección de vida: estudiar una carrera profesional, realizar un lazo laboral, sostener el lazo amoroso con su partenaire, la práctica de un deporte.

Es decir que la salida adolescente es hacerse una nueva forma de vida que le otorga una satisfacción particular, lo que no implica que su grupo familiar esté satisfecho con su elección.

Esta elección que se funda en un deseo singular se lee en los dichos: soy escritor de alma, enloquezco si no pinto un día, es más fuerte que yo competir en natación, de chiquito ya me gustaba el trabajo con las computadoras, etc.

El Ideal del Yo está orientado por el orden simbólico.

Pero hay una dificultad en nuestra época porque la palabra perdió su peso en los lazos sociales, la autoridad paterna se licuó, y las instituciones educativas, como también las deportivas, que eran refugio para los adolescentes, han entrado en crisis.

El desfallecimiento simbólico, la caída de los ideales y la sobrevaloración de los objetos de consumo que el mercado produce para los adolescentes dificultan el trabajo de búsqueda del sujeto en encontrar un Ideal para su Yo.

El psicoanálisis, lejos de plantear una restauración de la figura paterna, apuesta al recurso de cada ser hablante: su síntoma.

Porque la salida del adolescente no está en ser médico como papá o actor como quería mamá.

¿Por qué el síntoma es la brújula del ser hablante?

Ubicamos que el síntoma tiene dos caras: Una es la oscura y molesta que se nos atraviesa como una espina en la garganta y nos empuja a buscar ayuda.

Cuando nos enredamos con nuestro síntoma demandamos ayuda a un otro a quien le suponemos un saber para resolver el malestar manifiesto en nuestro cuerpo o en nuestros pensamientos.

Hoy día, es común que al adolescente lo acompañen sus padres a la consulta ante síntomas de adicciones al alcohol y a los tóxicos, donde falta el deseo de querer saber qué le pasa.

El problema, a conmover de entrada, es que quien padece una adicción se presenta nombrándose adicto, aunque exprese que domina la situación y que puede dejar al objeto droga si se lo propone.

Entre los malestares frecuentes de los adolescentes se plantean las inhibiciones en lo laboral y en sus estudios, que se acompañan muchas veces de un afecto de tristeza, producto de bajar los brazos por renunciar a sus deseos ante mínimas frustraciones que tienen con sus emprendimientos.

Otras dolencias actuales de los adolescentes como la anorexia, la bulimia, la angustia de pánico, los pasajes al acto delictivos, el aburrimiento y las depresiones tampoco se acompañan del querer saber del paciente sobre qué quiere decir su síntoma.

En estos síntomas, la subjetividad queda subsumida ante el exceso de goce, respondiendo al imperativo de nuestra época que empuja a gozar sin impedimentos y sin límites, hasta la muerte misma, como en algunos casos de adicciones tóxicas.

Por otro lado, las ofertas de solución actuales intentan anular al síntoma.

En esa vía, al mercado del medicamento farmacológico se suman las ofertas mágicas catárticas del "cuéntame tu vida", "muéstranos la víctima que eres por la pantalla"; las psicoterapias sugestivas del refuerzo del Yo, de la autoestima y del "conócete a ti mismo".

Podemos leer que nuestro mundo globalizado nos inunda con órdenes de consumo de cualquier cosa para tener éxito y ser felices.

Y, especialmente los adolescentes son muy receptivos a ello porque están en el tiempo lógico de búsqueda de soluciones para su vida.

De allí que cuando el adolescente está en esa encrucijada aparece el síntoma como una piedra en su camino para indicarle que pare, que se detenga a pensar qué le pasa.

El psicoanálisis aloja al síntoma pues se apoya en el principio de que no hay subjetividad sin síntoma.

En esa perspectiva, hacer un psicoanálisis no es sin el síntoma que empuja a la consulta por el malestar que irrumpe bruscamente en la vida de alguien.

Durante la experiencia analítica el síntoma será la brújula del analizante, y al final del análisis la herramienta que lo enlaza a los demás, así como lo son la escritura del escritor, las obras del artesano, el ojo clínico del médico.

El ombligo

Era el mes de junio, el sol asomaba entre las nubes y Alain pasaba
lentamente por una calle de París. Observaba a las jovencitas que,
todas ellas, enseñaban el ombligo entre el borde del pantalón
de cintura baja y la camiseta muy corta. Estaba arrobado;
arrobado e incluso trastornado: como si el poder de seducción
de las jovencitas ya no se concentrara en sus muslos,
ni en sus nalgas, ni en sus pechos, sino en ese hoyito redondo
situado en mitad de su cuerpo.[23]

En el discurso corriente, el ombligo es la cicatriz que queda en el cuerpo de la unión pre-natal del hijo con la madre.

Etimológicamente, la palabra ombligo viene del latín *umbilicus*.

Ese nudito, cual marca inscripta para siempre en nuestro cuerpo, si bien antiguamente se velaba pudorosamente, actualmente es exhibido y se lo adorna con *piercings*.

Lo cierto es que, después que nacemos, el ombligo no sirve para ninguna función biológica.

Salvo por el uso lenguajero que hacemos de dicha palabra, donde se resalta a veces su valor agalmático, como la expresión freudiana sobre "el ombligo del sueño".

En cambio: *Mirarse el propio ombligo* revela la otra arista de esta palabra.

---

23. Kundera Milan, *La fiesta de la insignificancia.* Primera parte, "Alain medita sobre el ombligo", p. 11. Tusquets.

Nuestra civilización actual no deja de mirarse el ombligo, lo que entendemos por el autismo generalizado. Aunque estemos agrupados, nadie saca a cada cual de sí mismo.

El siglo XXI pone al descubierto que el goce es –por estructura– de carácter autista, ya que sólo mediante el amor y el deseo nos interesamos por los demás, hacemos lazos con los otros.

El problema es que la subjetividad contemporánea sufre de una devaluación del deseo y del amor.

¿Qué es el autismo?

Encontramos un cortocircuito del deseo en el autismo clínico, que no es una enfermedad, sino un estado del ser donde el sujeto se protege de los demás encerrándose en su burbuja.

En realidad, la respuesta del sujeto que está autista es una elección forzada, hecha por el niño a muy temprana edad.

En algunos casos ya el niño hablaba, pero de golpe deja de hablar las palabras que venía diciendo, y se congela.

Los padres de los chicos autistas dan cuenta de ello situando el cambio radical de su hijo a partir de algún acontecimiento en la vida de la familia, como la muerte de un abuelo, una mudanza, la entrada de ladrones a la casa, la ausencia de la madre por enfermedad, el duelo de la madre por la pérdida de otro hijo, y otros hechos de la vida cotidiana que son vividos por el niño como una total catástrofe, en tanto el mundo se derrumba para él.

Y a partir de allí se desconecta de los demás.

Hoy día, el mercado de la salud mental ubica al autismo como un déficit neurológico.

Y la terapéutica planteada, para todos igual, es la medicación que se combina con la reeducación pedagógica, en tanto se interpreta al autismo como una falla cognitiva, un déficit intelectual a corregir.

Un adolescente autista decía: "Todo el mundo tiene sus rarezas, pero como yo las cuento, entonces llaman más la atención".[24]

---

24. Film titulado *"Otras voces. Un diálogo con el autismo"*, realizado por psicoanalistas miembros de la EEP y la AMP.

Es verdad, todo el mundo tiene una rareza, un pequeño delirio que no comparte con nadie.

Y nuestras pequeñas rarezas nos ubican ante los demás como locos, aunque no lo estemos del todo.

De allí que la normalidad no existe para el psicoanálisis, en tanto todos tenemos alguna locura de la cual no podemos desprendernos fácilmente.

Para el psicoanálisis, el autismo es una posición del ser, en ocasiones extrema, que el sujeto tiene con los otros, con los objetos y con su cuerpo.

Diagnosticar el autismo infantil implica considerar que en algún momento remoto el sujeto tomó una suerte de decisión extrema de encerrarse en su burbuja para defenderse de la angustia.

Algunas veces son los maestros que ubican, a partir del relato de los padres, el momento en que el niño tomó tal decisión.

Según el testimonio de la mamá de un niño de 4 años, fue la maestra quien le hizo notar que su hijito se congeló, y que dejó de sonreír en el tiempo que se le introdujo la comida sólida en su alimentación. Ante la demanda del Otro de que comiera, el niño se encerró en su mutismo.

Abandonó las palabras que había empezado a decir, dejó de mirar y comenzó a hacer berrinches ante el cambio de situaciones y actividades en el jardín de infantes.

Notamos que es diferente la timidez que puede expresar ante los otros un niño de 4 años, a la posición de congelamiento en que se ubica el niño autista.

Otro niño autista quedaba fascinado mirando girar la rueda de un coche de juguete, aislándose de todo lo que ocurría a su alrededor. De ese modo, él se protegía de los demás. Si se le hablaba, un llanto desgarrador era su respuesta.

¿Qué quiere decir hablar?

Para el humano, hablar implica dirigirnos a otra persona queriendo comunicar algo y esperar de ese otro una respuesta o un reconocimiento.

Cuando hablamos, queremos ser escuchados y reconocidos en nuestro deseo.

Pero también hablamos cuando nos lamentamos, nos quejamos, pedimos amor, demandamos la presencia del otro, o le expresamos nuestros reproches con enojo.

Pero el nudo de la cuestión es que hablar resulta satisfactorio, aunque no tenga sentido lo que decimos.

Es que también cuando hablamos gozamos del hablar por hablar.

Las mujeres nos distinguimos por ese uso del lenguaje que no tiene fines de comunicación. Tienen razón los hombres cuando dicen que las mujeres hablamos hasta con las paredes o que nos pasamos balbuceando palabras sin sentido como los bebés.

En sentidos opuestos están las personas que hablan poco, aquellos a los que hay que sacarles las palabras con tirabuzón.

Y los verborrágicos, que a veces aburren con sus discursos monótonos, pero también los que se destacan porque siempre tienen algo para decir y sorprender con sus dichos.

Pedirle al niño autista que hable puede resultar atemorizante y catastrófico para él, semejante a caernos en un precipicio sin paracaídas.

Por ello resulta prudente hacerse compañero del niño autista, alguien soportable para él, que hable su misma lengua y aprenda de él, lo contrario de la posición del maestro que nos enseña a hablar y a comportarnos civilizadamente.

Especialmente, tendremos que esperar los signos que el niño nos da, cuando no emite palabra.

Percibimos que para el autista el hecho de hablar lo sumerge en una intensa angustia.

En vez de hablar, los niños autistas se refugian en la repetición de estribillos que escuchan de la televisión.

Hablan mediante ecolalias, repitiendo como loros las palabras escuchadas, pero no hablan dirigiéndose a los demás porque eso los aterroriza.

De allí que es erróneo pensar que esta cuestión se arregla con enseñarle a hablar al niño autista, ya que él no puede romper esa burbuja que se armó para protegerse de los otros.

Temple Grandin en su libro *Interpretar a los animales*, dice que en la escuela primaria sus compañeros la llamaban "la grabadora" porque ella repetía frases que parecían sacadas de un guión.[25]

De niña, Temple, que se nomina autista, se apoyaba en sus ecolalias, usando palabras ajenas para protegerse de los otros.

---

25. Temple Grandin, *Interpretar a los animales,* Del Nuevo Extremo, Grupo Editorial, 2006.

Debemos distinguir el uso repetitivo de ecolalias que necesita hacer el sujeto autista para tratar su angustia, del uso de frases y entonaciones que hacen los niños de corta edad copiadas de las series televisivas de dibujitos animados.

Entendemos que las ecolalias en su uso repetitivo son propias del autismo, porque con ellas el sujeto se protege de la angustia extrema, aunque no logren pacificarlo del todo.

El lenguaje para el autismo es demasiado real, sin metáforas.

Es lo que bien explica Temple Grandin cuando dice:

> "Cuando era pequeña entendía lo que hablaban, pero no podía comunicarme, por eso gritaba. Todo mi pensamiento es visual y siempre prefería estimulaciones distantes y evitar el contacto para no tener sensaciones intensas. Por lo cual podría haber alguna semejanza con las reacciones animales. Cuando el ganado y los caballos están temerosos y asustados, colocan la cabeza arriba, se ve el ojo grande y blanco, mueve la cola hacia arriba y atrás, ponen las orejas hacia atrás. En los caballos es común que aleteen los ollares de la nariz. Cuando están calmos, sus orejas están hacia adelante y sus ojos normales."[26]

Nos preguntamos: ¿qué escuchan los niños autistas cuando parecen no oír nada, qué miran cuando percibimos que no quieren ver?

Porque sabemos que para mirar y escuchar hay que querer hacerlo, y el autista rechaza eso.

Si alguien nos mira o nos habla nos preguntamos qué quiere ese otro de mí, qué me quiere decir.

El sujeto autista, por el contrario, se siente invadido ante la mirada y la voz del otro.

De allí que se tape los oídos y evite la mirada de los demás, muchas veces caminando con la cabeza gacha.

En ocasiones las cosas y los ruidos de los autos y aviones se tornan amenazantes para el sujeto autista.

Recuerdo a un niño que caminaba agachado y agarrándose la cabeza cada vez que tenía que atravesar un boulevard donde había palmeras, cuyas ramas silbaban al ser movidas por el viento.

---

26. Entrevista a Temple Grandin, diario *La Nación*, Buenos Aires, 27/9/2014.

Otro niño entraba en pánico cada vez que se escuchaba pasar un avión a lo lejos.

El problema es que la presencia de lo sonoro en el sujeto autista no está ordenada por el lenguaje.

Al estar ausente la oposición simbólica cerca y lejos, ese niño no puede sentirse protegido del ruido de los aviones que pasaban a lo lejos.

Para él no había diferencias entre los ruidos de esos aviones que pasaban a la distancia y el ruido de los motores de un avión que le rozara las orejas.

La voz no es sin vos.

Apreciamos que el bebé juega con su voz. La voz es un objeto no material que se separa del cuerpo. Pero para el sujeto autista esa operación de separación no se produce. De allí que hable en un tono monótono y repetitivo.

Los tres primeros años de vida del niño son decisivos para la entrada al lenguaje. La historia del ser hablante comienza con el grito del niño al nacer.

El psicoanalista Sigmund Freud en su texto *Proyecto de una psicología para neurólogos* dice que el recién nacido necesita de la asistencia ajena para poder vivir, es decir que, a diferencia de los animales, el bebé necesita de la madre, que ella pueda interpretar su llanto en cada ocasión y responder de diversas maneras.

Hay madres que no pueden hacerlo y lo dejan llorar hasta el espasmo.

Por fortuna, muchas veces otro miembro de la familia hace de auxiliar soportando la función materna: el padre del niño, una abuela, una tía.

Cuando el niño dice sus primeras palabras, eso indica que ha consentido a identificarse con el adulto, y que tiene un interés por lo que el otro dice.

¿Qué quiere decir tener un cuerpo?

Tener un cuerpo no es nada sencillo.

Los adultos lo sabemos porque nunca estamos conformes con el cuerpo que tenemos. Lo vestimos, lo adornamos, lo cuidamos llevándolo al gimnasio, pero lo querríamos más estético y joven.

No nacemos teniendo un cuerpo. Lo vamos construyendo en nuestros primeros años de vida.

Primero, armamos una imagen propia y nos identificamos con ella, entre los seis meses y año y medio de vida. La prueba es llevar a un bebé ante un espejo, le decimos: mira qué lindo nene, él gira su cabeza para mirar nuestro rostro y recién allí sonríe con júbilo. Eso indica que el bebé necesita del Otro y de la palabra para armarse una imagen propia que le otorgue unidad al cuerpo fragmentado por múltiples y desconocidas sensaciones orgánicas. La imagen viene a recubrir y unificar al cuerpo fragmentado, y por identificación a esa imagen encontrada por el niño en el espejo o en sus semejantes, el cuerpo se organiza como unidad.

El espejo del niño autista se ha roto. De allí que los fenómenos corporales le son ajenos.

Y, muchas veces, ciertas funciones como defecar le resultan imposibles porque lo inundan de angustia.

En otras ocasiones, al niño autista puede resultarle catastrófico que le corten las uñas, resfriarse o ir a control médico.

La cuestión es que, si el niño no puede construirse una unidad corporal a nivel imaginario, no logra identificarse a los demás, y estar con los semejantes puede resultarle una tortura.

Como el sujeto autista no ha podido construirse un cuerpo, a veces, para alcanzar algo, necesita usar la mano de algún otro como una prolongación de la suya.

El otro, el cuerpo del semejante, es su recurso.

¿De qué goza el cuerpo?

Sabemos que saborear una comida, tragarse los libros, ver en la oscuridad, escuchar lo inaudible, beber el aroma de las flores, y chapotear en el barro, son experiencias del cuerpo que nada tienen que ver con nuestras necesidades biológicas.

El primer objeto de satisfacción del niño no es la madre sino la teta, y si al bebé se lo dejara a libre demanda, él no la abandonaría fácilmente, porque el hambre de teta se despega de la necesidad alimentaria.

Observamos que algunos adultos fumadores ponen de manifiesto que el fumar se sostiene del gusto de chupar y expulsar aire.

En esa perspectiva, el fumador empedernido es comandado por la pulsión oral.

El psicoanálisis descubrió cinco objetos de satisfacción, los que se construyen alrededor de orificios del cuerpo: la boca, los esfínteres, los genitales, los ojos y los oídos.

En el ser humano, es el lenguaje que opera una especie de corte entre las funciones biológicas y el cuerpo. Ejemplo: *ella no sabe hacerse mirar, la comió con sus ojos, se tragó los libros*, etc.

¿Por qué la mayoría de los autistas presentan dificultades para comer, hablar o controlar esfínteres?

Hay niños autistas que necesitan seleccionar la comida que ingieren por su textura y no por el gusto.

Otros no pueden desprenderse del objeto anal, porque sienten que perderían un pedazo de su cuerpo.

De modo que la caca no entra en la serie de un objeto cesible, como un regalo para la madre, que le demanda al niño el control de esfínteres.

Una niña autista cuando defecaba necesitaba pintar las paredes con su caca. Eso la tranquilizaba un poco ya que desprenderse de su caca le resultaba insoportable.

¿Cómo se constituyen las funciones corporales?

La boca se constituye como boca a partir de la madre que nutre al niño demandándole que coma, cantándole, hablándole.

También cuando le da un chupete en vez del alimento, o le habla diciéndole que aún no llegó el momento de comer.

Las idas y venidas de la madre, tanto su presencia como sus ausencias, hacen pasar las necesidades biológicas por el tamiz del lenguaje.

La mamá de una niña autista decía que para ella fue un gran acontecimiento volver de un viaje y escuchar decir a su hija de 9 años: "Mamá, te extrañé".[27]

Para los niños con autismo, más allá de que hayan recibido buena atención materna, cualquier acontecimiento puede resultar traumático, como una enfermedad, una complicación en su alimentación, etcétera, lo que decide al niño a encerrarse en una cápsula.

De allí que el psicoanálisis plantee lo opuesto de torturar al niño con la imposición de hábitos. Y es encontrar las maneras apropiadas

---

27. Edit Tendlarz (compiladora), *Una clínica posible del autismo infantil*, Serie Praxia, Grama, 2012, p. 255.

de acompañarlo en los inventos de soluciones ante lo que le resulta traumático.

Por ejemplo, Temple Grandin cuenta que en la edad escolar ella disminuía su angustia acurrucándose en la silla de montar caballos.

Y en la novela titulada: *La mujer que buceó en el corazón del mundo*, de Sabina Berman, para poder dormir y realizar sus estudios universitarios la protagonista se colgaba del techo mediante un arnés.[28]

No tener construido el cuerpo ni en su imagen ni en su circuito de satisfacción deja al sujeto sin ninguna percepción de los límites, de lo que está dentro y lo que está fuera del cuerpo.

Por ello resulta tan difícil cortarle el pelo a un niño autista, en tanto él no sabe a qué mutilación se expone.

A veces también resulta complicado calzarlo porque el niño no siente que los zapatos protegen sus pies.

Un niño no soportaba la ropa con botones y hacía crisis de rabia. La madre se percató de que en la escuela habían hecho un muñeco con botones en los ojos y a partir de eso el niño veía ojos por todos lados.

Los niños autistas se defienden de su cuerpo porque no lo sienten como propio. No pueden adueñarse de su cuerpo. Por lo tanto, no lo pueden habitar.

El objeto del autista

El objeto del niño autista es ese objeto del cual no puede separarse. Por ejemplo: un pedazo de tela, una radio, un cordoncito.

Ese objeto, al cual el niño se pega, condensa la exterioridad del cuerpo y el mundo.

Es decir que, a falta de borde o de límite entre lo exterior y lo interior del cuerpo, el objeto le sirve al niño para protegerse del miedo de ser engullido por el mundo.

El objeto del autista tiene una función real, porque le permite andar por el mundo sin que se le abra, a cada paso, un abismo a sus pies.

---

28. Sabina Berman, *La mujer que buceó en el corazón del mundo,* Editorial Planeta, 2010.

Es con ese objeto que el niño autista ya está trabajando o construyendo su propia curación.

Ese objeto es su remedio y su tarjeta de presentación frente al Otro. De allí que él no se separe de ese objeto.

Él es con ese objeto. Sin ese objeto no es.

Para el psicoanálisis, lo que el común de la gente denomina "las rarezas" del niño autista son sus "soluciones".

Las estereotipias, como también los movimientos corporales repetitivos, son sus soluciones subjetivas.

Para Temple Grandin, sus balanceos infantiles tenían que ver con su necesidad de obtener algún tipo de límite corporal.

El tratamiento del autismo

Se necesita tiempo para conseguir la confianza y colaboración del sujeto autista.

En la consulta es fundamental que el niño sepa a quién y por qué viene a vernos.

Cada niño que sufre necesita básicamente que quien lo reciba aloje sus deseos. Y no que se le introduzca por la fuerza buena educación, buenos modales, etc.

El tratamiento del autismo consiste en saber acompañar al sujeto en sus invenciones.

Primero, debemos detectar cuál es la defensa del sujeto.

En segundo término, pescar cuál es el trabajo de autoconstrucción ya iniciado por el sujeto.

Porque, más allá del autismo, apreciamos que los niños pequeños necesitan realizar un trabajo de construcciones subjetivas apoyándose en actos lúdicos infantiles como el abrir y cerrar puertas, sacar y meter ollas repetitivamente de la alacena, donde se ponen en juego el par de elementos simbólicos opuestos: abierto y cerrado, lleno y vacío.

Resulta una enseñanza para los psicoanalistas el testimonio de la cineasta Mariana Otero, realizadora del film: *A cielo abierto*, título puesto en honor al dicho lacaniano de que la locura está a cielo abierto, nada oculto o reprimido.

Mariana Otero nos dice que, motivada por la inquietud personal de saber sobre la locura y el autismo, se instaló por un año a convivir con los niños de la Institución *Le Courtil* de Bélgica.[29]

Al comienzo, ella no tenía idea sobre si podría grabar y filmar a los niños, ni sobre qué historia filmar pues carecía de argumentos establecidos.

Entonces, se adhirió al cuerpo la cámara filmadora, como si fuese parte del mismo, así como sus ojos o un brazo más, e hizo su aventura sin un guión establecido.

Ella manifiesta que ha quedado satisfecha con su producto, y su interpretación es que esta película adquiere sentido desde su final, porque muestra lo invisible a los ojos, invitando a los espectadores a participar de la experiencia del film.

Mariana Otero nos guía a través de su arte, o de su saber hacer, abordando e interpretando las problemáticas subjetivas de niños y púberes a través de dejarse llevar por la lente de su cámara como si fuese una parte de su cuerpo, así como el analista ocupa en su discurso el lugar del objeto y no del sujeto de la experiencia analítica, en tanto ese lugar especial le está reservado al analizante.

Mariana Otero habla de su experiencia en la Institución Le Courtil, sostenida en la sorpresa de encontrar que en ese lugar a los niños no se les hacen diagnósticos en base a criterios generales sobre la pretendida salud mental. Por el contrario, cada niño es considerado en su singularidad.

En la entrevista que la cineasta le hace al psicoanalista Alexander Stevens, él dice que desde 1900 la psiquiatría comenzó a etiquetar a los niños con problemáticas subjetivas del lado del déficit, como débiles mentales, imbéciles o idiotas.

Por el contrario, el psicoanálisis de orientación lacaniana, que orienta la práctica de los responsables terapéuticos de Le Courtil, resalta la perspectiva del síntoma y el uso que cada niño hace del mismo. De modo que en Le Courtil se aloja a los niños no a partir de patologías sino de problemáticas subjetivas.

Tampoco en Le Courtil se analiza a los niños, sino que se hace un uso práctico del psicoanalista.

---

29. Mariana Otero, Marie Brémond, *Á Ciel Ouvert, Entretiens, Le Courtil, Lá invention au quotidien*, París, 2013, E. Buddy Movies.

No se busca el por qué un niño es como es sino saber cuáles son las soluciones sintomáticas que va inventando para acompañarlo en su trabajo de artesano.

En general, las instituciones especializadas en salud mental se apoyan en modelos a lograr en los niños.

No es así en Le Courtil, donde el saber está del lado de los niños, saber que despliegan en sus producciones en los distintos talleres que ellos eligen.

Y, como le gusta decir a Alexander Stevens, dicha institución tiene una organización femenina en su relación al no-todo, donde sus asistentes responsables acoplan su acción a la subjetividad de cada niño.

Resulta un desafío alojar la subjetividad del niño autista en tanto que rechaza lo simbólico, y la palabra del Otro se le torna persecutoria.

Una niña de Le Courtil siente que la araña la persigue y eso la aterroriza. La araña no es para ella un objeto a temer porque pueda picar, etcétera, sino un objeto destructor y persecutorio.

A la vez, esta niña tiene una práctica de escudriñar insectos que la alivian del peso de sus alucinaciones.

Se destaca su solución subjetiva en la curiosidad excesiva que manifiesta con los bichos, como si el mundo vivible para ella fuese un gran laboratorio de insectos.

Otra niña que se presentó a Le Courtil como autista, dijo que ella ponía caca sobre las paredes.

En una ocasión se la invitó a poner su materia fecal en sachets plásticos. Y ella encontró buena esta idea pero, como no se podía desprender de su materia fecal, llevaba los sachets sobre su cama.

En un segundo tiempo, ella consintió a tirarlos, desinteresándose en sus sachets al mismo tiempo que comenzó a poner pasión en la pintura, resaltando la satisfacción que encuentra en los golpes que da al pincel.

Dicha joven devino artista y vende sus telas. Su solución le ha permitido tomar un lugar en el mundo con los otros, haciendo lazo social al intercambiar sus pinturas por dinero, sin angustiarse por separarse de sus productos pinturas, como le ocurría con su objeto caca.

Pasó de embadurnar paredes con su caca a producir sus pinturas.

En Le Courtil, se realiza la "práctica entre varios" como en otras instituciones de la Red del Campo Freudiano.

Práctica entre varios fue una expresión inventada por Jaques Alain Miller para diferenciarla de la atención multidisciplinaria de clínicas de la salud mental.

La práctica entre varios, en cambio, es sostenida por trabajadores decididos que se forman en el psicoanálisis lacaniano, más allá del título académico que tengan.

Bernard Seynhaeve, director actual de Le Courtil, enfatiza que los responsables de ese lugar quieren saber qué le interesa a cada niño, cuáles son los objetos de su interés, y qué es lo que cada niño inventa como solución para tratar eso que resulta insoportable para él.[30]

Por ejemplo, si en las entrevistas de admisión con los padres, éstos dicen que no pueden despegar a su hijo de la TV, ello alude al interés del niño por la imagen. Ese detalle da una pista de que el niño puede interesarse en otras cosas como los puzzles, la prehistoria de los animales y de los planetas.

Cito del mismo texto a Bernard: "Cuando recibo a los padres les digo que nuestra Institución tiene experiencia de trabajo con niños que presentan dificultades. Pero que, como ellos son los padres y nosotros no conocemos la historia de su hijo, tenemos necesidad de la participación de ellos".[31]

En esa perspectiva, se destaca que la acción de responsabilizar a los padres acota la culpabilización y la victimización que los inhibe.

Más adelante, Bernard Seynhaeve dice que, en tanto Director, su función consiste en garantizar la no-agresión y proteger el espacio de recepción de las invenciones de los niños, invitando y promoviendo la experiencia de ellos bajo la coordinación del equipo de responsables en los diversos talleres: música, jardinería, cocina, escritura, teatro.

En esa vía, se pone a prueba el principio de que la invención distrae de la persecución.

---

30. http://blog.hoptoys.es/index.php?post/2009/03/19/66-tu-expediente-autismo-el-autismo-visto-desde-el-exterior-un-testimonio-de-donna-williams-extracto-de-su-libro-si-me-tocas-no-existo-mas

31. Ib.

Un testimonio sobre el tratamiento que fue dando a sus padecimientos autistas lo da Donna Williams, actualmente dedicada al arte literario, pictórico y teatral.

Al fin de su libro *Si me tocan, no existo más*, Donna Williams habla del sentido de algunos de sus comportamientos autistas.[32]

Nos dice que ciertos rituales sirven para asegurar su bienestar, su seguridad o aflojar una tensión extrema. Otras veces, aunque estos gestos no sean destinados a los otros, representan en realidad un verdadero esfuerzo de búsqueda de dar un sentido al mundo. La cito:

"Combinar y emparejar objetos: Creando orden, se hace una representación simbólica de un mundo más comprensible. Este muestra también que la pertenencia a un conjunto más grande existe.

Los comportamientos estereotipados: Dan un sentimiento *de continuada*. Los rituales aseguran que las cosas pueden quedar *las mismas* bastante tiempo para tener su sitio incontestado al seno de una situación compleja y moviente alrededor de sí. De la misma manera, dibujar círculos, *liñas* de rebordes, sirve de protección contra la invasión exterior, venida del mundo.

Guiñar de los ojos compulsivamente: Esto permite ralentizar las cosas y volverlas más fraccionadas, *entonces* menos espantosas como en una película que pasa despacito. *Entonces*, encender y volver a encender la luz tiene la misma función. Esto vuelve las cosas más fijas, *entonces* más previsibles y aseguradas.

Balancearse, sacudir las manos, pegarse la cabeza, dar pequeños golpes sobre los objetos, golpearse la barbilla. Estos gestos procuran un sentimiento de seguridad y aflojan la tensión. Disminuyen la ansiedad y aflojan la tensión acumulada al interior.

Pegarse la cabeza contra la pared: Aquí también, este gesto combate la tensión interior y provoca un ruido sordo y ritmado en la cabeza.

---

32. Ib.

La fascinación para los objetos colorados y brillantes:
Es una manera de aprehender la noción de belleza en la simpli-
cidad. Es también un procedimiento para hipnotizarse, que
permite tranquilizarse y relajarse. Un color, por ejemplo el azul,
era siempre la tía Linda, una tela escocesa, la abuela.

El contacto físico: Es el que no amenaza hacerte una trampa
o devorarte: peinar el pelo, hacer cosquillas, por ejemplo.
Pero la frontera entre lo que es aceptable y lo que no lo es está
moviente. Fijar la mirada en el espacio o a través de las cosas,
al mismo tiempo que se hace girar un objeto o que nos contor-
neamos: Esto procura un relajamiento que permite sobrepasar la
dificultad de no poder *exprimirse*. De una manera más extrema,
esto puede también tomar la forma de una especia de suicidio
mental cuando la persona pierde toda sensación."[33]

Sobre las aversiones alimentarias, Donna dice que tenía miedo de
comer. Se contentaba con comer solamente alimentos que le gustaba
mirar o tocar, o los que le daban una sensación agradable. Se preguntaba si los conejos comían ensaladas. Como le gustaban los conejos
de peluche, entonces comía ensalada.

¿Le gustaba el vidrio tintado transparente? Por asociación imagina-
ria el vidrio tintado le parecía mermelada de jalea, entonces le gustaba
la mermelada.

Los inventos sintomáticos actuales de Donna Willams son sus producciones literarias, obras pictóricas, esculturas y teatrales.

Sus libros más leídos son los títulos: *Nadie en ninguna parte*
(Armando Editor, 2002/ 2005) y *Alguien en algún lugar* (2012).

Otro genio autista es Temple Grandin, la autora del libro: *Interpretar a los animales*.

En dicho texto, como también en otro titulado: *Atravesando las
puertas del autismo*[34], relata lo importante que fue para ella la experiencia de pasar unos días en la granja de ganado de su tía, en Arizona,
donde comenzó a interesarse por comprender a los animales.

Especialmente, se fijó en una máquina que se usaba para tran-
quilizar al ganado cuando venía el veterinario a explorarlos, la cual

---

33. Ib.
34. Grandin, Temple y Sacariano, Margaret, *Atravesando las puertas del autismo*,
    Editorial Paidós, 2011.

consistía en dos placas metálicas que comprimían a la res por los lados. La presión suave ejercida sobre los animales parecía relajarlos.

Temple visualizó un artilugio semejante para ella que llamó la "máquina de dar abrazos". Pensó que le proporcionaría el estímulo táctil que tanto necesitaba pero que no podía recibir porque no soportaba el contacto físico humano. Esa máquina soñada fue su obsesión.

> "Mis obsesiones disminuían mi excitación y me tranquilizaban. Las obsesiones pueden utilizarse de forma constructiva."[35]
>
> "El profesor Carlock orientó mis obsesiones hacia proyectos constructivos. No trató de llevarme a su mundo, sino que penetró en el mío."[36]

A la vuelta de aquellos días en la granja, Temple entró en una escuela especial para niños dotados con problemas emocionales y sus profesores la animaron a que construyera la máquina. Por esa época, ya la habían diagnosticado con autismo y se sabía que Temple tenía una memoria fotográfica.

En el colegio secundario aprendió ingeniería mecánica y matemáticas, lo que le posibilitó seguir avanzando con su proyecto: La máquina permitiría a la persona que la usara controlar la duración y la intensidad del "abrazo" mecánico. Con este invento, Temple realizó experimentos que la animaron a ir por un diploma a la Universidad. También se convirtió en parte de su propia terapia. La ayudaba a relajarse.

Temple Grandin actualmente es una líder tanto en la búsqueda del bienestar de los animales como entre la comunidad autista. Da conferencias por el mundo ayudada con sus diapositivas que va cambiando de tanto en tanto, para no repetirse. La industria ganadera de Estados Unidos confía en ella para rediseñar la maquinaria de manejo del ganado en los mataderos. Temple dice que sabe cómo se sienten esos animales antes de morir. Por eso se dedica a hacer el último momento de su vida lo más agradable posible. También se ocupa de detectar los problemas que estresan a los animales de corral, lo que redunda en la calidad de su carne. ¿Cuál es su técnica? Camina apoyada en sus cuatro extremidades por donde están los animales para percibir cuál

---

35. Grandin, Temple y Sacariano, Margaret, *Atravesando las puertas del autismo*, Editorial Paidós, 2011, p. 38.
36. Ib., p. 81.

es el obstáculo visual que los asusta. Y nos explica que su habilidad en interpretar qué cosa los intranquiliza se debe a que los autistas piensan con imágenes como los animales, y no a través de representaciones abstractas como el común de la gente. Ejemplo: un brillo o la presencia de una bolsa de plástico en el corral pueden perturbar la visión de los animales, y por consiguiente estresarlos.

Se destaca el buen uso de la imagen que puede hacer Temple Grandin en nuestra época, donde las imágenes han colonizado a las palabras.

Problemáticas de la niñez[37]

Aquellos que decidimos dedicarnos al psicoanálisis nos encontramos aún cada vez más con una cuestión muy reiterativa. Podríamos incluso decir que se trata de una modalidad propia del siglo XXI, modalidad que dista mucho de lo que el padre del psicoanálisis nos legó. Me refiero a la imposibilidad que tienen muchos sujetos de armar un síntoma. Muchas veces en el consultorio nos confrontamos con sujetos totalmente desbordados, con mucho malestar, y hasta incluso parece que sólo vienen a nosotros para poder descargarse y hacer catarsis. ¿Qué ocurre en este siglo XXI que hace que el sujeto no pueda salirse del malestar que lo aqueja? ¿Se trata de una imposibilidad del sujeto en cuestión o debemos pensarlo como un rasgo del siglo XXI, siglo que se aleja mucho del malestar cultural que Freud describió? ¿Acaso ya no hay más síntomas?

GRACIELA GIRALDI: La subjetividad de nuestra época no sufre porque las cosas no funcionan como quisiéramos, ya que se sabe que el malestar cultural es estructural. Nuestra civilización padece de los impasses generados por las falsas ciencias, en tanto se evalúa, se clasifica y se etiqueta por igual a todos los niños y jóvenes en base a un protocolo de preguntas y respuestas pre-establecidas como fracasado escolar, drogadicto, panicoso, con síndrome de TOC.

El último tema de trabajo del congreso de la Asociación Mundial de Psicoanálisis realizado en abril pasado en París fue "Un real para

---

37. Entrevista realizada por Celeste Porfiri y publicada en la revista *Salud y trabajo*, Año 1, Número 4. Editoras: Gazagne, Marisel y Mufarrege, Marcela. Rosario, agosto de 2014, p. 10.

el psicoanálisis del siglo XXI". Los psicoanalistas abordamos un real diferente del real de la ciencia médica, como lo es el genoma, por ejemplo. Nosotros nos encontramos con otro real. Nos interesa ese real singular del síntoma, de cada síntoma de los llamados pacientes.

Retomando tu pregunta de si en nuestra época hay síntomas, entiendo que tenemos que hacer lugar desde el momento de la consulta a que se hable del malestar subjetivo en vías de sintomatizar.

El analista apuesta de entrada al síntoma y no hay una técnica para eso, se hace uno por uno, desde el caso por caso. A veces, en la clínica con niños, ¿sintomatizar qué implica? De entrada damos lugar a la palabra del niño. Si el chico a lo mejor no se puede separar de los padres, en las primeras entrevistas, ¿uno qué hace en vías de que el niño hable? Lo invita al niño a que entre con sus padres. En la clínica con niños, en vías de sintomatizar escuchamos a los padres pero no como padres sino como sujetos, escuchamos y leemos qué dice el sujeto madre, qué dice ella de lo que le pasa a su hijo, cuál es su interpretación, qué lugar tiene para ella ese chico a diferencia de los otros hijos, y escuchamos al sujeto padre del niño por el que se consulta, también por separado. Entonces uno recibe o aloja distintas interpretaciones. Y al niño especialmente le preguntamos por qué viene a vernos, de qué sufre, qué le pasa; muchas veces el chico viene y no sabe el por qué y entonces uno le tiene que preguntar, y decir: "Papá y mamá te trajeron porque ellos dicen que no te va bien en la escuela o que estás triste, etc. Me interesa saber qué te pasa a vos".

Al poner la pregunta de entrada vamos en contra de esta epidemia generada por el mercado de la salud mental donde la gente viene hoy con una etiqueta, por ejemplo fracaso escolar, ADHD (disfunción, desorden de la conducta), TOC (trastorno obsesivo compulsivo), rótulos y cifras que des-responsabilizan al paciente victimizándolo.

–Como la hiperactividad…

–Sí, los padres del niño que vive enchufadito, del chico que tiene un lazo agitado con su cuerpo, ellos dicen: "Es hiperactivo, dijo el doctor". Bueno, eso dice el doctor, y ¿usted qué dice?, pregunta el analista.

Estos rótulos sobre los fenómenos disfuncionales, al prescindir de la interrogación al niño sobre su padecimiento, no son diagnósticos, en tanto el arte de diagnosticar se apoya en el caso por caso.

¿Qué hace entonces el psicoanalista de entrada, en el tiempo de las consultas? Interroga al paciente, sea niño o adulto, le pregunta sobre su malestar, qué lo aqueja, cuáles son los síntomas. Entonces el analista está alojando al síntoma porque ya está permitiendo que el consultante ponga palabras a su síntoma y comience a darle sentido. Esa es la cara de verdad en lo que el síntoma quiere decir.

En la experiencia analítica se aloja al síntoma como un mensaje, cosa que en esta época más bien resalta su otra cara, donde se goza en demasía del síntoma y no se lo toma en su cara de mensaje. Hoy día se goza del síntoma de la adicción. En la consulta dicen: "Yo soy drogadicto, anoréxico, bulímico", por ejemplo, o: "Este chico es incontrolable, no lo podemos frenar, rompe cosas, no podemos salir con él porque se desborda".

Como le gusta decir a nuestra colega de la EOL Adela Fryd, son esos chicos amos en donde vemos que se trata de una cuestión muy yoica que está en correlación con el capricho materno, como si el chico fuera una prolongación del fantasma de la madre: "Yo hago lo que quiero porque yo soy…", "Tomame como soy". Hacen un culto al yo. Parecen chicos muy seguros en lo que quieren pero al encapricharse por cualquier cosa hacen sufrir al entorno porque los padres ya no saben qué hacer con ellos, porque se ponen maleducados, parece que se las saben todas pero son niños que no tienen límites y que en realidad sufren por eso, después tienen problemas en la escuela, por lo general, problemas en el lazo con los demás.

–Teniendo en cuenta toda esta introducción, ¿cómo pensar la clínica actual?

–Yo diría: siguiendo lo que venimos conversando, que se hace necesario sumarle la transferencia al síntoma. Se trata de dar confianza al síntoma, aprender a leer junto con el partenaire analista qué nos quiere decir nuestro síntoma. Sería como ese mensaje salvavidas que uno tiene que ofrecer cuando recibe a un sujeto aquejado por algo. Que puede ser un adulto, un chico o un adolescente. No depende de la edad el poder analizarnos. Y en el momento en que uno presta atención a los síntomas ya hay una dirección. En nuestra acción analítica debemos apuntar a que el paciente se escuche y que empiece a traernos sus sueños que expresan sus verdades inconscientes a pesar de que hoy todo el mundo viva acelerado. Entonces no hay tiempo para los sueños. Aunque cuando se les pide sueños a los chicos ellos los traen pero los adultos en ocasiones suelen responder: "No me acuerdo, hace tiempo que no sueño"…

–Hay más represión…

–Hay un rechazo al saber del inconsciente. No se quiere saber nada de lo que nos pasa. El chico sí nos confía de entrada sus sueños, por eso cualquiera que tiene un sobrino, un hijo, sabe que si uno le pregunta: ¿soñaste anoche?, enseguida nos cuenta con mucho entusiasmo su sueño. Es decir que ahí hay algo del decir del inconsciente y el psicoanálisis presta atención a ese texto original del sueño porque ese texto listo para leer brinda el libreto de la vida de alguien.

Hay todo un libreto que guía nuestra vida y leemos ese libreto en sueños como en los lapsus o tropiezos de nuestro bla bla en nuestra experiencia como analizantes.

Algunas veces hay niños que no sueñan sino que tienen repetidamente pesadillas, pero a través de esas ficciones que el niño elabora y todo lo que él va hablando con el psicoanalista, realiza su cura. También él en tanto analizante trabaja apoyándose en sus juegos, aunque el niño no viene a jugar, sino que a través de sus juegos nos habla de sus cosas. Cuando son muy pequeños y casi no hablan, les preguntamos ¿qué es esto que dibujaste acá?, ¿cuál es la historia? Y a través de toda esa trama, esas ficciones que él va elaborando en su análisis el niño realiza su cura.

Hay un video muy lindo, que está en YouTube, que se llama "Mi hermanito de la luna". La niña habla de lo especial que es para ella su hermano, un príncipe que sueña con vivir junto a la luna y las estrellas, interpreta con dulzura y no sin asombro que su hermano no habla ni juega con los otros niños, que no es sordo cuando no responde a los demás, sino que vive refugiado en su mundo de sueños, que lo aterrorizan los ruidos de los aviones, que se queda hipnotizado ante una tapa de tormenta en la calle, etc. Ella interpreta sutilmente a partir de pequeños detalles lo que le pasa a su hermanito autista y dice: "Cuando mi hermanito era chiquito lloraba sin parar, tomaba la teta y no se dormía sino que volvía a llorar y nada ni nadie lo podía calmar". Ella se da cuenta de que los otros bebés no son así y su interpretación es que su hermanito es un ser especial, un príncipe de la luna al que hay que saber acercarse, y finalmente está contenta porque descubrió cómo hacerlo reír.

Para el psicoanálisis, el autismo es un estado del ser y no una enfermedad. Tenemos por un lado el autismo como problemática clínica, pero también el autismo como paradigma de la subjetividad de esta época. Vivimos encerrados cada uno en su pequeño mundo, o lo que es lo mismo en su goce, y aislados de los demás a pesar de las facilidades que nos brinda la comunicación electrónica. Lo leemos en el fenómeno del fracaso escolar. El niño ha roto su lazo al saber, para él nadie sabe. No va contento a la escuela esperando qué cosa nueva me enseñará mi maestra hoy. No, ya no es más ese tiempo donde el saber ocupaba un lugar importante en la civilización.

Hoy día el chico va a la escuela casi automáticamente, lo llevan corriendo, vuelve corriendo pero no para jugar con sus amiguitos o vecinos sino para cumplir con otras obligaciones, tiene doble escolaridad, tiene otras actividades y pasa una niñez muy acelerada y solitaria.

Una película llamada *Aventura Lego* muestra este empuje global a la niñez robotizada.[38]

–¿Qué lugar para el juego, no?

–Claro, por eso después se alarga la adolescencia y todas las problemáticas con las cuales se encuentran los docentes que muchas veces temen del lado de los padres de sus alumnos que les hagan un juicio si amonestan a sus hijos cuando van contra las normas escolares o los mandan a repetir de grado cuando no estudian.

El otro día me contaban unas maestras de una escuela especial que se encuentran con la sospecha de que un alumno sufre maltrato por parte de sus padres al observar hematomas y heridas en su rostro y brazos y que no pueden ayudarlo porque la madre no autoriza a que lo lleven al médico. El cuerpo docente no puede llevarlo a un hospital sin autorización de sus tutores porque les pueden hacer una querella judicial, ya les pasó otra vez con una problemática de abuso infantil en una alumna. Entonces tienen que inventar el modo donde el chico vaya al hospital por algo que le pase en la escuela, inventar una excusa, por ahí un dolorcito de panza.

–¿Cuáles son los malestares actuales?

–Las adicciones, lesiones repetidas del cuerpo como alergias infecciosas, las angustias de pánico, adicciones varias, depresiones, también los abusos sexuales. Estos son los problemas de hoy en día. Respecto al maltrato infantil no es qué pasa solamente con el padre abusador de Alemania, o qué pasa en las villas, no, no tiene que ver con clases sociales, a veces el abuso infantil se da en las mejores familias.

–Es algo que trasciende lo socio-económico.

–Sí. Eso se presenta ahora en el consultorio. También los problemas de anorexia y bulimia en los adolescentes. Esto que aparece hoy

---

38. Giraldi, Graciela, "El lugar del juego infantil", *Rosario/12*, 6 de marzo de 2014.

día en forma de epidemia con una palabra inglesa, el bullying, aunque siempre existió ese fenómeno agresivo entre pares, siempre había algún chico terrible en la escuela que era cruel con los demás, pero era uno, ahora lo que llama la atención es que todos se identifican con el agresor.

Antes se decía: "Ese anda por mal camino, pobrecito, hay que cuidarse porque pega"; ahora todo el mundo se ríe de uno que agarran de punto. Esas son manifestaciones brutales de agresión al semejante. A todos nos preocupa, porque uno se pregunta: "¿Y si le pasa a algún ser querido mío?". Eso es terrible, que todo el mundo se esté riendo mientras lo están matando a golpes a alguien y nadie vaya en su ayuda.

Entonces, ante ese real de nuestro siglo, ¿qué hacemos los psicoanalistas? Recuerdo que una vez eché a un padre de la consulta porque era un abusador, lo eché, a los gritos y sin que se me moviera un pelo. Uno puede tomar determinaciones así porque el psicoanálisis no da para todo ni para todos. El psicoanálisis recibe a aquél que viene a pedir ayuda, no es para los canallas.

–Ante esta situación, ¿qué tratamiento es posible? Mejor aún, ¿qué es lo que el psicoanálisis tiene para ofrecerle al sujeto?

–Hacer uso de la palabra, ese es su derecho. A partir de hablarle a otro que se analizó primero, nos analizamos. El psicoanalista Jacques Lacan se preguntaba cómo puede ser que con la cháchara toquemos algo de lo real del síntoma. Es decir, cómo a través del bla bla en la experiencia analítica se toca algo de lo real, y no terminamos liquidando nuestro síntoma sino el lazo mortífero que teníamos con él, dando lugar a un saber hacer vivificante y artístico con el mismo.

Hay que resaltar que el psicoanálisis es una experiencia, no se trata de un cuerpo teórico que uno le mete al paciente, no, eso es psicología, es otra cosa. El psicoanálisis es una experiencia vital, por lo tanto cada uno la tiene que realizar y el analista tiene que haberlo hecho primero, de lo contrario no puede acompañar a otros. Al paciente le basta apoyarse en su acto de confianza al consultar a un psicoanalista, lo que se entiende por tender su lazo transferencial. Pero el analista tiene que venir de allí, de haberse tumbado al diván, de haber pasado por la experiencia analizante, para poder operar con la interpretación y su acto.

–Es muy interesante esto del parloteo que toca lo real. Además es contradictorio porque lo real no está tocado por lo simbólico, no hay palabras que puedan dar cuenta de eso. Vos decías recién: "el hecho de hablar". ¿Pero en el psicoanálisis se trata de un habla distinta o de una escucha distinta?

–De una lectura del decir del analizante. En cada experiencia analítica hacemos la lectura de los sueños, los lapsus, los fallidos del inconsciente. Y el analista hace una apuesta muy fuerte con el paciente. Ese acompañar del analista a sus pacientes es un acompañar con su presencia y en eso creo que el psicoanálisis lacaniano se destaca y se diferencia de los demás, porque sale del protocolo que existía en otras épocas, tantas sesiones, tantas veces por semana, vacaciones estipuladas, sesiones de tanto tiempo de reloj.

Creo que el psicoanálisis de hoy es un psicoanálisis ágil, prêt à porter. El analista está listo para todo uso. Por ejemplo, Maitena, la dibujante humorística uruguaya habla en una entrevista elogiando la experiencia de su análisis, que ella viene haciendo en Argentina. Le preguntan cuándo ella se dio cuenta de que le gustaba hacer humor gráfico, entonces ella dice que no le gustaba dibujar pero gracias a que ella fue mamá a los 16 años, de muy jovencita lo tuvo que hacer obligada para ganarse la vida porque era madre soltera. En un momento la toma de empleada un diario y le propone hacer humor para mujeres, y empezó así, dibujando y haciendo humor por necesidad y a pedido del empleador. Ahora disfruta de su trabajo y la verdad es que es muy ingeniosa. Y ella comenta cómo ese síntoma con el cual ella ahora se relaciona bien, que es hablar callada, dibujando… de chica tenía que callarse porque era la menor de no sé cuántos hermanos y estos hermanos tenían chispa y hablaban y hablaban mientras ella en las reuniones familiares no podía meter bocado. Ella se tenía que quedar callada hasta que, bueno, pudo expresarse a través de la escritura que son sus dibujos. Ahora su humor lleva las marcas del psicoanálisis. Ella lo dice con todas las letras en esa entrevista.

El síntoma se forma por las marcas de la lengua materna, esas primeras palabras que el niño escuchó de la madre y que nos hicieron marca en el cuerpo, dichos escuchados en la primera infancia cuando uno todavía no hablaba, y que nos quedaron marcados en nuestro cuerpo y en nuestros pensamientos.

No hay ser hablante sin síntoma. Cuando en algún momento de nuestra vida nos enredamos con nuestro síntoma, lo mejor que nos puede pasar es buscar ayuda de un psicoanalista. De entrada sentimos un alivio porque pasamos del sufrimiento del síntoma a la incomodidad de ir del analista otra vez y otra vez y otra vez, aunque hacer la experiencia del análisis resulte más económico que vivir la vida sufriéndola.

Tener nuestro propio analista resulta un mejor síntoma. Aunque a veces los padres dicen: "Yo tengo miedo de que mi hijo dependa de usted y del psicoanálisis"; está ese mito.

Pero en tanto analistas sabemos que siempre nos llega el día en que somos desechados por el analizante, ya satisfecho con su experiencia analítica, y allí tenemos el deber de dejarlo ir.

Mujer, paciencia

Abordaremos la cuestión femenina apoyándonos en el film titulado: *La piedra de la paciencia*, del director Atiq Rahimi.

¿Cuál es la trama de la película?

La piedra de la paciencia está construida sobre del valor terapéutico de la palabra. Son las historias, recuerdos, lamentaciones y anhelos que una mujer de treinta años (Golshifteh Farahani) mantiene con su silencioso marido veinte años o más mayor que ella (Hamid Djavadan), postrado en la cama por haber recibido una bala en el cuello. Para que pueda recuperarse, su esposa debe rezar desde la mañana hasta la noche durante 99 días. Este diálogo pronto se convierte en aventurada confesión, ya que le susurra al oído todo lo que se ha guardado durante el matrimonio.

La palabra adquiere un significado profundamente especial en el film. Es también la idea central de la novela en la que se basa, escrita por el afgano exiliado en Francia Atiq Rahimi, a la vez director de la película que nos ocupa. Es el mito persa de "syngué sabour", una piedra en la que pueden verterse las desgracias, las quejas y los secretos, hasta que se llena y explosiona. También el contexto es esencial para comprender las vicisitudes de la protagonista y de su marido paralizado. La historia se localiza en Kabul (algunos exteriores se localizaron en Afganistán, aunque el film fue rodado en Marruecos), en medio de un conflicto bélico y donde una sociedad machista y represora mantiene a la mujer discriminada y sin poder de decisión.

Son personajes sumidos en circunstancias difíciles que comparten una habitación, aunque la cámara tiene libertad para salir de la vivienda y seguir a la protagonista por las calles de la ciudad, ya sea para buscar al aguador o para encontrarse con su tía, de profesión prostituta y único apoyo moral y económico. En este resignado deambular, y acompañada en ocasiones por sus dos hijas pequeñas, el personaje encarnado por Farahani simboliza ese silencioso colectivo de mujeres, en este caso musulmanas, obligadas a permanecer en un ostracismo permanente, que Rahimi nos cuenta a través de una narración no lineal, donde a través de determinados flashbacks, los elementos y situaciones del presente nos llevan al pasado de ella."[39]

Elvira Dianno cerró su ciclo 2013 titulado "Abanico de mujeres" de Butaca Lacaniana en la ciudad de Santa Fe, premiándonos con la película subtitulada *La piedra de la paciencia,* cuya trama se zambulle de lleno en las cuestiones femeninas sin carecer de sutileza.[40]

Agradezco su gesto de haberme invitado a comentar dicha película. Es un desafío para mí pues el arte supera al psicoanálisis en la medida que muestra lo que no se puede decir con las palabras.

En relación a lo femenino, es difícil, por no decir imposible, transmitir algo de lo que no se puede hablar, no porque esté prohibido sino porque faltan las palabras.

Esto es porque no existe un saber sobre qué es una mujer.

Freud nos aconsejaba preguntar a los poetas y con Lacan decimos que de ese lado donde hay un agujero no hay otra salida que la invención. Y ese vacío de ser al que cada mujer debe consentir es todo un trabajo artesanal que se pone en juego en la experiencia analítica de las mujeres.

Recuerdo, hace tiempo, que en una ocasión la EOL –Escuela de Orientación Lacaniana– invitó a exponer mediante posters o anzuelos los productos de los carteles. Mi cartel trabajaba el tema de la sexualidad femenina como preliminar al psicoanálisis con niños, y decidimos participar.

Uno de los rasgos era sobre el estrago materno y allí nos ingeniamos con una muñeca destrozada que nos cedió la hija de una colega,

---

39. Comentario extraído de la página www.cinemaseries.es.
40. Santa Fe, octubre de 2013, *Butaca Lacaniana,* sesión de cine debate de la serie *Abanico de mujeres,* coordinado por la psicoanalista Elvira Dianno.

pero con los otros rasgos temáticos como la femineidad vs la histeria, el Otro goce, y los místicos, no nos quedaba chance.

Entonces se nos ocurrió armar un moño enlazando cintas de diversos colores para aludir a los nudos lacanianos, y al lado del moño dibujamos un alfarero haciendo su vasija a partir de un agujero. Con el alfarero queríamos dar la idea del vacío de significaciones alrededor del cual cada una se hace mujer.

Con el poster nos jugamos a que la gente se acercaría a preguntar, y así fue.

Pero no es lo mismo cuando comentamos una obra de arte, donde las palabras muchas veces están de más.

Así es que sólo puedo pasar a otros lo que me provocó la película, para que el lector haga su interpretación.

Su director, Atiq Rahimi, nos muestra los misterios, como también ese lado incomprensible de la femineidad que se desliza como la arena entre los dedos, a través de los decires de la joven protagonista a su esposo.

Ella le habla sin saber si él la escucha, en tanto permanece en su estado vegetativo, sin reaccionar, aunque ella le levante los párpados y le hidrate sus ojos, lo lave, lo bese, lo acaricie y le confiese a él que ella ya no sabe qué hacer, ni a quién pedir ayuda pues hasta la familia de él lo abandonó.

Al comienzo le reprocha que en tantos años de matrimonio él no supo atenderla ni la amó como ella esperaba, y que a su lado se sintió un pedazo de carne, y no su mujer.

Esta joven mujer, a medida que le habla a su hombre, va librando una intensa lucha entre sus deseos tal como se le imponen y los principios morales de la cultura falocéntrica a la cual pertenece, la cual no otorga lugar a la palabra de las mujeres.

Ella da cuenta de la astucia femenina desde muy niña. Interpreta el apagado deseo de su madre y la perversión fetichista del padre con el objeto codorniz. De allí que no se queda de brazos cruzados ni resignándose a la idea de que, así como lo hizo con su hermanita, su padre la entregaría a algún hombre como parte de pago en sus apuestas. En esa vía, fiel a sus deseos de libertad, consigue un gato hambriento y le ofrece el objeto preciado del padre: las codornices. Con este acto apostó desde niña a su propio deseo y lo guardó en secreto, hasta que llegó el momento de develarlo a su piedra preciosa.

De jovencita, y ya casada, por pactos de familias, con un hombre mayor, pasaba el tiempo y ella no lograba quedar embarazada. Entonces, como tener niños es condición para que las mujeres no sean excluidas de la sociedad afgana, hizo un pacto secreto con su tía para comprar la fertilización anónima de otro hombre y dio a luz a dos niñas.

Podemos observar que para la cultura musulmana la madre se impone sobre la mujer, cuestión que deja mal parada la virilidad de los hombres.

El psicoanalista Jacques Lacan nos daba algunas pistas sobre la lógica de la sexuación, señalando que lo femenino en una mujer se mide por su distancia a la madre que hay en ella. Son dos posiciones diferentes, con respecto a las cuales cada mujer se encuentra dividida.

Dicho de otra manera, podemos ubicar la problemática del ser mujer donde nada falta, diferente a la del querer tener hijos como solución a la falta fálica.

Por otro lado, Sigmund Freud daba cuenta de la degradación de la vida erótica en su civilización, en los casos donde los hombres se relacionaban con las mujeres haciendo una disociación o bien una superposición entre dos términos del lenguaje: la madre, que quedaba equiparada a la santa, y la puta en el lugar de la mujer degradada socialmente.

Según la perspectiva freudiana, el personaje de la película optó por la madre para sus hijos y negó a la mujer en su propia mujer. Huyó de su mujer buscando refugio en la carrera militar. Fue a hacer la guerra con los hombres por miedo a encontrarse con la guerrera de su mujer.

La paradoja es que, atado como se encontraba a sus principios morales, terminó quedando paralítico el pobre tipo. En una riña con otros hombres, éstos le insultaron a su madre y él, no pudiendo soportar el insulto, se batió a duelo.

A pesar de todo su desamor a la esposa y en el medio de los tiroteos bélicos, su mujer decide no abandonarlo. Deja refugiadas a sus hijas en el prostíbulo donde vive su tía, y vuelve al lado de él para atenderlo.

Y, ella que es de armas tomar, en su desesperación de no saber qué hacer, decide hablarle a él sobre sus secretos, usándolo de piedra como en el mito persa, esa piedra de la paciencia que está en la Meca y a la cual van los peregrinos a contarle sus desgracias. Se dice que el día que no quepan más desgracias la piedra explotará en mil pedazos y la gente quedará liberada de sus padecimientos.

En la trama de la película, esta mujer hace la experiencia del analizante, hablándole de sus padecimientos y de sus sueños a un otro. Ese otro al que se habla es como una piedra, en la medida que no se sabe lo que piensa ni qué siente.

La protagonista le habla a su partenaire-piedra sobre su experiencia en el plano del amor y del goce con un joven soldado que ha conocido esos días. De esa manera va teniendo breves sesiones con su otro convertido en piedra, en la medida que su otro no le responde agregándole significaciones. Es ella la que trabaja analizando su vida misma, una vida teñida de luchas existenciales, pero no sin su coraje para afrontarlas.

Ella va armando su historia a partir de piezas sueltas, como hacemos en nuestra experiencia analítica.

Y a través de sus relatos encontramos en la protagonista que nos ocupa un abanico colorido de mujeres que por momentos es Medea, en otros aflora la mujer tierna, la mujer niña, la fogosa, la guerrera, como también algunas otras.

Las mujeres y el amor[41]

En los tiempos que corren, nuestra civilización padece de falta de deseo y amor.

Si nos preguntamos por los intereses de las jóvenes mujeres, percibimos que las conversaciones que las reúnen hoy día no son sobre el amor como en épocas pasadas, sino sobre lo que hay para hacer en tren de lograr la mejor figura: cirugía plástica con y sin prótesis, aplicación del botox, programas de nutrición eficaces a corto plazo, consumo de dietas, terapias de refuerzo del Yo.

Podemos leer desde el psicoanálisis que, si bien en nuestra época ya no comandan los ideales sino el empuje a gozar de los objetos que nos ofrece el mercado, este mismo se convierte en un generador del *culto a la imagen de sí,* del *Yo, la diosa*, lo cual repercute en las identificaciones de las jóvenes mujeres, en detrimento de sus sueños más íntimos y de su femineidad.

En esa perspectiva, las motivaciones actuales de las mujeres se inclinan por el consumo de la imagen, descuidando los lazos amorosos, especialmente con el otro sexo.

Nuestra civilización, al padecer de la deflación del deseo y del amor a favor del imperio de las imágenes, alimenta en las chicas la confusión entre: coquetería femenina con la mujer modelo, hacer el amor con la práctica sexual, ser buena madre con la madre buena, libertad sexual con libertinaje, independencia con el tabú a enamorarse del partenaire, erotismo con pornografía, etc.

---

41. Texto publicado por el diario *La Capital* de Rosario, 2012.

Los mismos síntomas sociales que padecen ellas y que se presentan al modo de epidemias, expresan los impasses subjetivos de nuestra civilización.

La anoréxica, mediante su rechazo a comer lo que le impone el otro demuestra una verdad, y es que el apetito o lo deseado no tienen nada que ver con la comida y que el deseo sólo nace de la falta.

Pero la cárcel subjetiva de la anoréxica es su rechazo a la femineidad, de allí que se satisface comiendo nada, en algunos casos consumiéndose hasta hacerse un huesito, en tanto no quiere saber nada de tener un cuerpo con formas femeninas, un cuerpo apetecible para el deseo de los hombres.

Por otro lado, las jóvenes que padecen de bulimia, buscan tapar su vacío de ser comiendo compulsivamente y hasta el hartazgo cualquier cosa, para expulsar, más tarde, lo ingerido mediante la provocación del vómito, circuito repetido que aprisiona muchas veces al sujeto entre la culpa y el castigo por tener un cuerpo sexuado.

Adicciones y otras yerbas

Otras formas duras con las cuales se presentan los síntomas hoy día son las adicciones, las depresiones, la tristeza, la abulia, la angustia de pánico, entre otros.

¿Por qué digo formas duras de estos síntomas? Porque surgen abruptamente, haciendo mucho ruido y sin llamar a la puerta. De ese modo el padeciente se siente invadido por su malestar, y si viene a la consulta expresa que quiere desembarazarse rápidamente del mismo, porque no tiene tiempo para pensar ni quiere saber qué le está pasando.

Y el problema es que cuando se rechaza al síntoma o, lo que es peor, se busca erradicarlo con medicación, no se hace más que cronificarlo.

Algunas mujeres sabemos, por nuestro propio análisis, que en relación a la cuestión femenina, el sexo anatómico no es causal, como no es determinante el género, ni el ser mujer se reduce a una máscara social; tampoco se resuelve teniendo hijos, novios, esposos o amantes, en tanto que la lógica del tener nos da por resultado una madre.

Dicho de otra manera, definimos al deseo de la madre por su querer tener lo que le falta completándose con el hijo; así como el hombre se enlaza a una mujer en tanto objeto que provoca su deseo viril.

No se accede a la femineidad por la vía del tener, sino por la del hacerse un ser a partir de un agujero de significaciones, sin contar con ningún molde ni modelo ni nada.

Así, reconocemos fácilmente a la madre, a partir de su deseo enlazado a su objeto hijo. Pero se nos complica la cuestión cuando se trata de encontrar una mujer, porque no existe un indicador que las identifique en una clase.

Entonces, si resulta imposible encerrar a las mujeres en una definición o armar un concepto válido para todas, es porque faltan las palabras para predicarlas.

En esa perspectiva, constatamos que no existe la mujer prototipo, sino que cada una es diferente a la otra.

Y, que el acceso a la femineidad se hace una por una, haciendo con las herramientas de nuestro propio deseo.

Bordados [42]

La pregunta freudiana sobre el querer de las mujeres chocó con la respuesta fálica de la maternidad. Jacques Lacan, en cambio, orientó su interrogante en torno al goce femenino.

En un taller del ERINDA nos interrogamos sobre los modos actuales de asumir la sexuación, el ser madre y el lugar del niño en el deseo materno. Para abordar lo femenino que se pone en juego en cada experiencia analizante, nos apoyamos en dos casos.

El primero, expuesto por Esthela Solano Suárez [43], ex AE de la ECF, en el libro I.R.M.A. titulado *El cálculo de la interpretación*, de la editorial Atuel-Anáfora. Bajo el título "Si la envidia fuese tiña...", Esthela Solano Suárez resalta el goce del no ceder nada al otro de la paciente, repitiéndose un circuito imaginario sin pérdida, lo que dificultaba su entrada al análisis.

Un boff! (soplido) de la analista y corte de sesión ante el decir de la sujeto que había decidido "trabajar seriamente" en un cartel operó como interpretación analítica produciendo un giro subjetivo en la paciente, que comenzó a preguntarse por sus dificultades con el deseo y el amor.

---

42. Trabajo expuesto en las Jornadas de la EOL, Buenos Aires, diciembre de 2014.
43. Solano-Suárez, Esthela, I.R.M.A., *El cálculo de la interpretación*, editorial Atuel-Anáfora, 1995, p. 101.

"Esta joven mujer experimentaba una dificultad considerable en ponerse a trabajar tanto en su vida como en su cura. ¿Por qué –se pregunta la analista– no haber alentado su decisión con la finalidad de aprobar una puesta al trabajo? Hubo elección del lado del analista de no aceptar la oferta de la paciente. Para ella, en ese momento particular de su existencia, trabajar en un cartel podía tener el valor de un levantamiento del síntoma. Pero precisamente la analizante ya me había advertido que para ella trabajar no era una significación cualquiera, ya que concernía muy particularmente al deseo del Otro, tanto como a su demanda. Fue entonces juzgado conveniente no precipitarse a alojarla en lo serio de tal mentira –trabajar seriamente– decía ella. Por mi respuesta introduje una vacilación que habría puesto en suspenso este valor de que hacer un cartel es igual a trabajar seriamente.

Si hubo cálculo, fue en el sentido de descompletar, por el rehusamiento, el conjunto de lo que podía clausurarse en tanto respuesta unificante al Ideal del Otro."

La intervención de desbaratar esa defensa de la analizante disparó el enigma sobre el querer del Otro: "¿Por qué usted me respondió de esa manera? Su respuesta me encolerizó, si bien me sentí aliviada y me dije: '¿Por qué debería sentirme obligada a leer Lacan?'".

Dice la analista: "Ella, de quien siempre se decía muy inteligente y genial por su madre, encuentra que a partir de un momento de su vida representó lo contrario: el fracaso escolar y la tontería. En efecto, me consultó a causa de lo que llamaba sus fracasos".

Otra intervención de la analista en el tiempo de las entrevistas preliminares fue su negativa al pedido de la paciente de venir menos veces.

En una sesión, la analizante trajo su síntoma de la alopecia que sufría desde niña, diciendo: "Sin diploma, sin trabajo, sin amor, y encima sin cabello. Al final yo cultivé esta neurosis y la exhibo con orgullo. Es como un cáncer en la piel".

Nos dice la analista: "Ese tiempo preliminar del análisis se acaba cuando la sujeto se interroga acerca del porqué de su elección de encontrarse en el lugar de un andrajo, y expresa que para responder a esa pregunta bien vale un análisis".

Analiza su síntoma de la anorexia intelectual como respuesta al Otro glotón materno del saber y de diplomas.

La madre de la paciente era profesional y ella recuerda que cuando era niña su madre llamaba a su psicóloga frecuentemente para que le dijera cómo criar a su hija.

El objeto de la envidia aparece en la escena infantil: "Tengo 5 años, juego en un jardín, delante de mí un niño de 6 años lee una historieta. Yo lo miro y experimento una profunda envidia hacia él. Me pregunto por qué esta envidia, si era porque él podía leer solo… Es curioso, ya que en ese momento yo ya sabía leer.

Hoy me sorprendí mirando a otra mujer con su hijo y palideciendo de envidia. Finalmente es tonto, si yo ya tengo un hijo, ¿qué es ese objeto que yo envidio en los otros? También con usted misma: quise hacerla fracasar queriendo volver nulo el análisis".

Podemos ubicar a la interpretación analítica sólo en el tiempo del après-coup y a través de leer sus efectos en el trabajo analizante. Este caso da cuenta de que el inconsciente real está a la entrada, y no a la salida como en el caso 2, testimonio de Anna Aromí, AE en ejercicio de la EEP, publicado por Freudiana Nº 69.

Caso dos:
El dicho "romperse la cabeza" surge como una interpretación final de la analizante y que el analista repite cortando la sesión.

Al despedirla le grita desde el pasillo: "¡Sí, romperse la cabeza para ser una mujer, escríbalo, escriba todas esas magníficas palabras!"

Anna nos dice:

"Salí estupefacta. Tan ordenada que era y salir con ese desorden. Una sonrisa de oreja a oreja se me instaló desde entonces.

Sentí al pase acoger con simpatía a la gamba de piel del sueño, al caracol sin casa, productos de una larga incubación: treinta años de análisis.

El pase fue indispensable para percibir, en anamorfosis, el objeto de mi análisis, perdiéndolo. Lo que yo había pensado como un trayecto lineal se me presentó como el carrusel de unos pocos significantes girando sin ton ni son, alrededor de un agujero, recortándolo.

Ahora disfruto poniendo la fuerza de mi alegría al servicio de la causa analítica.

Así de raro puede ser un deseo de analista.

Y sobre la mujer, como sobre la psicoanalista, sabrán que no dejo de romperme la cabeza. Es mi forma de autorización".[44]

En tanto analista de la Escuela en ejercicio, testimoniaba Anna en la Nel México que al no-todo de lo femenino sólo se lo puede bord(e)ar en la experiencia analítica.[45]

44. Aromí, Anna, "Romperse la cabeza", *Freudiana* 69, RBA Libros, 2014, p. 81.
45. Blog virtual NEL, México, 2014.

Condiciones eróticas de los hombres[46]

En el film *Un loco amor*, de Sergio Castellitto –cuyo título original es *No te muevas*–, un hombre exitoso se entrega a una relación amorosa casi suicida con una mujer. La historia muestra que no son los atractivos del objeto amado los que causan al deseo.

En el Cine Club de Buenos Aires se interrogaban acerca de los motivos por los cuales Timoteo, el protagonista de la película *Un loco amor –Non ti muovere*, su título original, de Sergio Castellitto–, se deja arrastrar por una relación amorosa casi suicida con una mujer golpeada por la vida y de baja condición social, siendo que él dispone del éxito profesional, del amor de su bella mujer y de una alta posición social.

En relación a dicho interrogante, lo que nos muestra esta historia y lo que responde el psicoanálisis desde Freud, es que no son los atractivos del objeto amado y deseado los que causan el deseo del amante.

Porque es evidente que no es la imagen de una bella mujer lo que despierta el deseo del lado de los hombres; incluso la belleza a veces les inhibe el deseo, como le ocurre a nuestro personaje Timoteo, quien admira a su hermosa mujer, quien se mueve con soltura a nivel profesional, pero no la puede desear sexualmente.

En cambio, el deseo febril de Timoteo quedó ligado a Italia (personaje femenino representado por Penélope Cruz) y al recuerdo de su

---

46. Cine debate, Noches de biblioteca, EOL Rosario, 2011.

zapato, como también a su quedarse quieta esperándolo a él, respondiendo a la demanda del "no te muevas" que introdujo Timoteo en tanto una de sus condiciones de su goce, el ingrediente especial que hacía de resorte en su interés por Italia.

No se sabe por qué el lógico título original del film: *No te muevas* fue cambiado al castellano por *Un loco amor*, ¡como si los amores se apoyaran en la cordura y en la razón!

Sabemos que todos los amores conllevan en sí algo de locura y de pasión, y que detrás de cada amor hay condiciones de goce singulares que determinan la ligazón amorosa con el partenaire.

Mi hipótesis es que en esta historia de amor la misma demanda "no te muevas" resulta una condición de goce para Timoteo, quien se la dice a Italia, pero también a su amada hija accidentada.

Y ligo esta inmovilidad del objeto de interés de Timoteo a una escena infantil donde el niño se encuentra sentado a la mesa familiar, cuando el padre irrumpe a los gritos diciéndole a su mujer que no la soporta más a ella ni a su hijo y que se va de la casa.

El niño, instantes previos a esta escena, se encontraba mirando a través de la ventana a otros chicos que maltrataban y finalmente mataban a una rana. Desconcertado por la agresión del padre, él corre afuera a buscar la rana, coloca sobre la palma de su mano ese objeto inmóvil, la mira tiernamente y luego le da sepultura.

Si pensamos a Timoteo como un caso clínico en el cual el deseo se organiza al modo obsesivo, el "no te muevas" resalta como la condición erótica de Timoteo para poder amar a una mujer.

Este caso reúne los colores freudianos porque nos enseña acerca de la oposición tajante que realiza Timoteo entre los términos de la madre y la puta o la mujer degradada socialmente. Su propia mujer queda equiparada por él al lugar del Ideal, e Italia es ubicada por él como su partenaire del goce sexual. Apreciamos cómo Timo necesita degradar a una mujer para poder otorgarle un valor sexual.

Freud nos hablaba de los avatares de la vida amorosa de los hombres en su texto sobre una degradación general de la vida erótica. Y consideraba que para tener una vida erótica satisfactoria, los hombres deben vencer el horror a la idea del incesto con la madre y el respeto a la hermana.

Una cuestión nodal señalada por Freud es que en toda elección amorosa intervienen condiciones de goce y que ninguna elección es

igual a la de otro hombre. Y que en la vida erótica el amor hace de
velo, escondiendo dichas condiciones de goce que a veces se reducen
a un timbre de voz, una mirada, un zapatito.

O sea que el amor vela de buena manera las condiciones de goce
que determinan cada elección que se hace del partenaire. Y si el amor
es recíproco y enlaza a un hombre y a una mujer, el goce de cada sexo
los separa.

Vemos cómo los zapatitos que Timo le regala a Italia intervienen
a la manera de un fetiche, causando el deseo viril de Timoteo, como
también el detalle de que para desear a esa mujer no necesitó enamorarse de ella, el amor por ella le vino después.

En cambio, Italia no podía gozar sexualmente de los primeros
encuentros, cuando todavía no estaba enamorada de él. Sólo respondía a las condiciones de goce de él: quedarse quieta, como cuando su
padre la violaba siendo niña.

Pero cuando él comenzó a hablarle diciéndole que la necesitaba,
y que no podía vivir sin ella, Italia se enamoró, deseó y se entregó
plenamente a Timoteo, aunque más tarde, al sentirse abandonada por
él, enloqueció de amor y en un acto desesperado atacó a su cuerpo
abortando a su hijo, sin buscar atención médica.

Liquidez de los lazos amorosos[47]

Anorexia, bulimia, adicciones a los tóxicos, fracaso y violencia escolar, ataques de pánico, dolores del cuerpo (fibromialgia), depresiones severas y problemas de pareja son los síntomas más frecuentes del siglo XXI. Todos estos conflictos alejan a las personas del bienestar. ¿Qué hacer para vivir mejor? Para la psicoanalista Graciela Giraldi, descifrar el síntoma en un análisis permite usar singulares herramientas para vivir en forma digna y satisfactoria.

La psicoanalista está brindando un curso sobre Eros y los síntomas del siglo XXI en la librería Homo Sapiens, donde justamente la idea es reflexionar sobre estos temas junto a los participantes del curso. Eros en la mitología griega era el dios del amor, el sexo y la fertilidad; un mito que retomó Freud en el psicoanálisis para referirse a la pulsión de la vida. En diálogo con este diario, Giraldi, quien es miembro de la Escuela de Orientación Lacaniana (EOL) y de la Asociación Mundial de Psicoanálisis, se explayó acerca de las características de los vínculos humanos actuales, la relación de las personas con el amor, el deseo y el goce, y resaltó al goce excesivo del consumo de los objetos como una de las características de nuestra civilización.

–¿Qué representa Eros?

–El psicoanálisis, inventado por Freud en el siglo XIX, incorporó aspectos de la mitología. Para referirse al amor, el deseo, el goce en la vida erótica, el doctor Sigmund Freud se apoyó en el mito de Eros:

---

47. Entrevista realizada por Belén Travesaro, publicada en el diario *La Capital de Rosario* el 29 de agosto de 2010.

dios del amor, el sexo y la fertilidad, quien se casa con Psique: el alma, el inconsciente para el psicoanálisis.

–¿Cuál es la posición actual de las personas ante el amor, el deseo y el goce?

–El deseo hoy día está orientado hacia los objetos que ofrece el mercado y la gente muchas veces queda presa del consumo. En relación al amor, dejaron de tener vigencia los amores prohibidos de antes (como la historia de Romeo y Julieta), actualmente las personas eligen con libertad a quien amar. Hoy la gente está liberada de las represiones y prejuicios de hace dos siglos, y del peso de tener que sostener los ideales paternos. Nuestra civilización sabe que el amor es contingente y si el amor de la pareja se evapora ellos se separan. En cambio, antes había mujeres que permanecían toda una vida al lado de un hombre que no las quería, ni ellas amaban, se mantenían juntos obedeciendo los principios morales. En cuanto al goce más allá del placer, están quienes se ven empujados a gozar sin límites, como el drogadicto, llegando a exponerse incluso al riesgo de la muerte.

–¿Mujeres y varones se comportan igual en relación al trípode: amor, deseo, goce?

–No, es diferente la posición masculina de la femenina. Para las mujeres el amor y el deseo van unidos, porque el goce en ellas se teje con amor; para el varón no necesariamente, porque para desear ellos no necesitan estar enamorados. Aunque a veces las mujeres sostienen una posición masculina, como las que sufren de histeria o las que se identifican con los hombres y coleccionan aventuras sin amar a ningún hombre. En cuanto a la sexualidad, el asumirse en un sexo u otro no depende del sexo anatómico sino de posiciones subjetivas en el amor, el deseo y el goce.

–¿Cómo ha cambiado el vínculo entre hombres y mujeres?

–En los últimos años se vienen dando mutaciones relacionadas con prototipos del género y los roles sociales: los varones participan de las tareas del hogar, ayudan a sus mujeres con la crianza de sus niños y las mujeres sostienen semblantes muy viriles: trabajan fuera del hogar como también se ocupan de su maternidad. Están mutando los "trajes" con los cuales hombres y mujeres nos vestimos. Otra característica de hoy día sobre los lazos entre los sexos, es el miedo a ponerle el cuerpo al amor. Eso empobrece la vida erótica. Las personas muchas veces se relacionan a través de internet, pero evitan encontrarse. Venimos de una liberación sexual y en vez de tener una vida erótica más rica, por ahí se empobrece a favor del consumo de pornografía, que aplasta las fantasías eróticas de cada quien. Las dificultades en la vida erótica, manifestadas en los problemas de pareja, son uno de los síntomas del siglo XXI: desamor, violencia y maltrato al partenaire, peleas constantes, apatía, imposibilidad de formar una pareja, en ocasiones donde el sujeto no sabe aún si le gustan las mujeres o los hombres.

–¿Cómo abordar los problemas de pareja desde el psicoanálisis?

–Para el psicoanálisis no hay un modelo de pareja, sino que cada pareja es única, ya que no existe un programa o un saber inconsciente que nos diga cómo ser un hombre y cómo una mujer, ni cómo relacionarnos sexualmente con otro ser humano. Por eso no creemos en la psicoterapia de pareja. El psicoanálisis aloja a aquel que quiere vivir mejor y puede preguntarse por qué no puede dejar de sufrir en su cuerpo, en sus pensamientos, en sus relaciones con los otros. Están quienes hicieron su análisis personal y testimonian sobre cómo cambió su vida, su capacidad de amar y desear; surge un nuevo amor en relación con el mismo partenaire. Freud ya nos decía que amar y trabajar dignificaban a las personas. El amor y el trabajo nos sostienen en el lazo social.

–¿Además de los problemas de pareja, cuáles son los síntomas del siglo XXI?

–Anorexia, bulimia, adicciones a los tóxicos, fracaso y violencia escolar, ataques de pánico, dolores del cuerpo (fibromialgia), depresiones severas y problemas de pareja son los síntomas más frecuentes del siglo XXI. Dichos sufrimientos subjetivos expresan el debilitamiento de Eros a favor de Thánatos (pulsión de muerte). Los ataques de pánico son frecuentes en nuestra época, no sólo en los adultos, también en los niños. Hay chicos que le tienen pánico a la escuela y están las personas que no pueden ir a trabajar, ni caminar por la calle, porque de golpe se encuentran paralizadas.

Nuestra época se caracteriza por la "liquidez" de los lazos amorosos, si utilizamos este término del pensador Zygmunt Bauman, en el sentido de que se debilitan cada vez más los lazos de amor de la pareja, la familia y la escuela. Según Bauman, en los comienzos de la modernidad los valores eran sólidos y las instituciones eran fuertes, porque había referentes que ordenaban las relaciones entre las personas. Lo sólido mutó a la liquidez de los lazos sociales actuales, predominando el individualismo y la falta de solidaridad para con los demás.

—¿Qué hacer para vivir mejor?

—Se trata de atender al síntoma, de leerlo, de descifrarlo y anudarlo de otra manera en un análisis, donde el saber del inconsciente pasa a decirse; experiencia del análisis que nos posibilita apostar a la vida, lo contrario de conformarnos en la mortificación y la victimización.

La sexualidad en el siglo XXI [48]

P.: ¿Qué es la sexualidad para el psicoanálisis y por qué usted recorta la cuestión en nuestro siglo, para este curso que dará en la librería Homo Sapiens? [49]

G.: Acerca de qué es la sexualidad para el psicoanálisis he trabajado en cursos anteriores con los maestros y uno de los efectos de ese trabajo con ellos lo he plasmado en un libro de mi autoría titulado *La educación sexual escolar y los síntomas actuales*.

Recuerdo que para abordar la cuestión de la sexualidad partíamos simplemente de lo que no es. No es el sexo anatómico, ni tampoco el acto sexual porque por algo Freud habló de la sexualidad infantil y de su incidencia en relación a la vida erótica de cada adulto. Más aún, en relación a la educación sexual escolar considero que no es algo nuevo para los maestros porque siempre se ocuparon de ello en su tarea civilizadora, no hay más que escucharlos cuando ellos se interrogan y responden con educación sexual de una manera siempre inédita en relación a tal o cual situación escolar particular.

¿Por qué recorté el tema en nuestro siglo? Porque se juegan nuevos paradigmas en la sexuación. Y quiero dar otra vuelta a la cuestión que venía trabajando con los docentes abriendo la interlocución a otras

---

48. Entrevista publicada en el diario *Rosario/12*: "*El goce y el deseo, hoy*", 28 de febrero de 2013.

49. Convocatoria temática del curso 2013 dictado en la librería Homo Sapiens: "La sexualidad en el siglo XXI, nuevos paradigmas de la sexuación. El amor en los tiempos del goce. Cuerpos que hablan. ¿Usted se quiere casar? ¿Quién arma la familia?".

prácticas sociales como la médica, y otras que abordan las actuales problemáticas subjetivas actuales de niños y jóvenes. No estoy sola en mi investigación, son cuestiones que venimos trabajando en las escuelas de psicoanálisis de la orientación Lacaniana, que integran a la Asociación mundial de psicoanálisis.

De allí que el argumento del curso lo hice partiendo de cuestiones que se enlazan a los sub-temas: "El amor en los tiempos del goce" fue el título de unas Jornadas pasadas de la EOL en el cual se localiza la devaluación del amor a favor del goce, del derecho al goce de cada quien, pero también del empuje al goce del que testimonian los padecimientos actuales.

La pregunta "¿Usted se quiere casar?" es de la autoría de Roberto Galán, animador televisivo de un viejo espectáculo en el cual se formaban parejas. La cuestión del casamiento la apoyo en la revalorización actual del matrimonio del lado de las parejas de homosexuales y travestis que quieren armar una familia para tener niños y los sueños de control que surgen por todos lados en relación a quién cría a los niños.

Esto muestra que las nuevas conformaciones familiares, como los lazos de pareja, ya no están sostenidos por el orden paterno o en la lógica edípica de papá y mamá. Hoy se sabe que es el niño quien arma la familia, como también que el deseo de tener un hijo es contemplado y asistido por la ciencia cuando *natura non da*.

Por lo tanto, los psicoanalistas, como los agentes de otras prácticas sociales, no podemos permanecer ajenos a las problemáticas subjetivas del nuevo siglo que nos exigen responder con ética y caso por caso.

Nos urge preguntarnos acerca de cómo se relacionan hoy los jóvenes, qué se juega en esa práctica del "tomar sin culpa" en los boliches, y en sus síntomas de adicción que se presentan al modo de epidemias: anorexia, bulimia, adicción a las drogas tóxicas, al sexo.

En la película británica titulada *Shame*, el protagonista tiene una adicción al sexo huyéndole al enganche amoroso con una mujer o un hombre, no queriendo saber nada de la falta donde se apoya el deseo, quedando el sujeto subsumido por el empuje al goce desenfrenado y sin límites.

P.: ¿Es lo mismo decir sexualidad que sexuación?

G.: No, son diferentes conceptos psicoanalíticos. El de sexualidad es originario de Sigmund Freud, quien separó en planos opuestos al instinto sexual animal del apetito o del deseo sexual del humano.

El concepto sobre la sexuación fue elaborado por el psicoanalista Jacques Lacan enfatizando la elección que hace cada ser hablante de su sexo, la mayoría de las veces desde muy niño. Se trata de una elección forzada por las contingencias de la vida, donde nos jugamos por ser mujer u hombre más allá del sexo anatómico que nos tocó en suerte, más allá del género social al que pertenezcamos, y sin el acuerdo de nuestros ideales en tanto lo determinante de la elección es el goce del cuerpo.

Lacan situó en dos campos totalmente diferentes al hombre y a las mujeres en relación al goce: el goce masculino y el femenino no se relacionan para nada. Las bodas de la pareja del amante y del amado son en el plano del deseo y del amor, pero no en el goce. Es decir que con respecto a estos dos goces diferentes no hay correspondencia ni complementariedad.

Esta cuestión es impecablemente tratada en la obra teatral *Como quien oye llover* de Juan Pablo Geretto.

Cama revuelta

Reflexionar sobre las nuevas satisfacciones del cuerpo me evocó
una obra plástica titulada *My bed* de la autora británica Tracey Emin
expuesta en el Malba en el 2012.[50]

Muestra una cama y objetos que aluden al goce sexual: preservati-
vos, sábanas revueltas, pastillas, cremas, vodka, cadenas y sogas sobre
una valija, a los que se suman objetos personales: un peluche, medias
can-can, un toallón y diarios. En el cuadro faltan los actores, no están
los cuerpos. Sólo se los evoca a través de objetos usados, no sabemos
si hubo allí una pareja homo, hétero o más personas.

Es notable el valor que ha tomado esta obra en el mercado, defi-
nida por su comprador como "una metáfora de la vida".[51] En ella, los
objetos en referencia al goce aparecen expuestos en primer plano. Esta
obra da a ver que el goce, a diferencia del amor, no enlaza al Otro, es
autoerótico, y que es el objeto plus de goce la brújula que comanda la
vida de las personas.

En esa vía, "pasarla bien", sea como sea y con lo que sea, funciona
muchas veces como un imperativo que niega el derecho a deprimirnos

---

50. Jornadas EOL Rosario 2014: "Las nuevas satisfacciones del cuerpo".

51. ABC.es/cultura. La obra *My Bed* es una instalación creada por la inglesa Tracey
    Emin en 1998 después de una ruptura amorosa. El empresario y coleccionista ale-
    mán Christian Duerckheim-Ketehodt adquirió *My Bed* (Mi Cama) el pasado año en
    una subasta ejecutada en la casa Christie's por 4,2 millones de euros.

    "Compré *My Bed* porque es una metáfora de la vida, donde comienzan los
    problemas y la lógica muere", señaló en una nota Duerckheim-Ketehodt, quien
    obstenta el título nobiliario de conde.

o angustiarnos ante la pérdida de un amor, un trabajo o un ser querido. Los jóvenes se prestan en los boliches a beber "sin culpa", consumiendo alcohol desenfrenadamente y sin pagar un peso por la ingesta hasta el justo momento en que la primera chica se dirige al baño porque ya no puede controlar sus esfínteres.

Este goce adictivo del tomar y tomar un trago más es un nuevo plus a la práctica de la ingesta de alcohol en lo que se denomina "la previa" de la entrada al boliche, una excusa para estimularse al ir al encuentro del otro sexo. El lazo a los otros no es sin la botella y el porro, pues la identificación con los pares no es a través de ideales sino mediante prácticas de goce.

En esa línea, a los chicos no les interesa tanto enamorarse como pasarla bien. Los objetos plus de goce que nos ofrece el mercado, como el celular, el Ipod, el culto a la imagen del Yo, los tatuajes en el cuerpo, los piercing y los objetos eróticos, vinieron al lugar de los amores imposibles, los corazones rotos y el goce de la privación histérica.

Percibimos que el imperativo de ser feliz y joven para siempre se une al derecho de gozar con el cuerpo que se quiera tener. Si quiero ser hombre o mujer la ciencia me ayuda, las leyes también. Mi destino me pertenece, no depende ni del género, ni de la anatomía, ni de las identificaciones edípicas.

La vez pasada escuché por radio una entrevista a un médico cirujano sobre la sexualidad de una pareja de transexuales; ambos querían cambiarse el sexo anatómico que les había tocado en suerte. Las preguntas del locutor aludían al goce pero estaban desplazadas a la funcionalidad de los órganos: Si con el pene artificial la persona podía eyacular, o si con el pene invaginado las sensaciones pasaban a la prótesis clítoris. Dilemas estos que bordean la cuestión de que sólo se puede imaginarizar al goce fálico localizándolo en una parte del cuerpo, pero en relación al goce femenino, mutis, faltan las palabras. No existe la proporción sexual.

J-A Miller nos decía:

> "Si mi fantasía conduce a alguna parte, está por verse si esta fantasía es verdad, el discurso de la civilización no es más el envés del psicoanálisis, es el éxito del psicoanálisis. ¡Bravo! ¡Muy bien hecho! Pero, de golpe, esto pone en cuestión a la vez el medio del psicoanálisis, es decir la interpretación y esto pone en cuestión su fin, e incluso su comienzo. Podríamos decir –si

partimos del hecho de que la relación entre civilización y psicoanálisis no es más una relación de envés y derecho– que es
más bien del orden de la convergencia, es decir que cada uno
de sus cuatro términos, en la civilización, permanece en disyun-
ción con los otros; que, de un lado, el plus de gozar comanda,
el sujeto trabaja, las identificaciones caen reemplazadas por la
evaluación homogénea de las capacidades, mientras que el saber
se activa en mentir y en progresar también, sin duda. Podríamos decir que en la civilización estos diferentes elementos están
separados y que no es sino en el psicoanálisis, en el psicoanálisis puro, donde estos elementos se ordenan en un discurso".[52]

En esa perspectiva, testimonia M-H. Blancard, Analista de la
Escuela Europea de Psicoanálisis, que ella ha podido verificar que
"un análisis es una aventura inaudita que permite reinventarse".[53]

---

52. Jacques-Alain Miller, "*Una fantasía*", conferencia Congreso AMP 2004, Coman-
datuba, publicada en el Blog AMP.
53. Marie-Hélene Blancard, "Tomar el goce a la letra", *Lacaniana* Nº 15, edit. EOL,
2013, p. 65.